**Le féminisme
change-t-il
nos vies ?**

Les auteur-e-s :
Ce livre est le fruit du travail collectif des membres de l'équipe des Études genre de l'Université de Genève. Dirigé par Delphine Gardey, historienne et sociologue, il rassemble des contributions d'Isabelle Giraud, politiste, de Rachel Vuagniaux, géographe, de Lorena Parini, politiste, de Iulia Hasdeu, anthropologue, de Laurence Bachmann, sociologue et de Christian Schiess, sociologue.

© Éditions Textuel, 2011
48, rue Vivienne
75002 Paris
www.editionstextuel.com

Conception graphique :
Caroline Keppy
Sandrine Roux

IISBN : 978-2-84597-421-0

Le féminisme change-t-il nos vies ?

Sous la direction de
Delphine Gardey

textuel

Collection dirigée par
Philippe Corcuff et Lilian Mathieu

Dans la même collection

Stéphane Lavignotte,
La décroissance est-elle souhaitable ?, 2010.
Cédric Durand,
Le capitalisme est-il indépassable ?, 2010.
Irène Pereira,
Peut-on être radical et pragmatique ?, 2010.
Lilian Mathieu,
Les Années 70, un âge d'or des luttes ?, 2010.
Jacques Fortin,
L'homosexualité est-elle soluble dans le conformisme ?, 2010.
ATTAC
Le Capitalisme contre les individus.
Repères altermondialistes, 2010.
José Luis Moreno Pestaña,
Michel Foucault, la gauche et la politique, 2011.
Irène Pereira,
L'Anarchisme dans les textes. Anthologie libertaire, 2011.
Philippe Corcuff,
*B.a.-ba philosophique de la politique. Pour ceux qui ne sont
ni énarques, ni politiciens, ni patrons, ni journalistes, 2011.*
Philippe Caumières,
Castoriadis : critique sociale et émancipation, 2011.
Christian Arnsperger,
L'homme et le sens de la vie. Petit traité d'alter-économie, 2011

som-
maire

petite
encyclopédie
critique

petite
encyclopédie
critique

introdu

Le fémi
change
nos vie

Le féminisme
change-t-il
nos vies ?

Delphine Gardey

À un moment ou un autre de notre existence nous avons rencontré le féminisme, et cette rencontre a eu des effets importants sur notre vie et son orientation. Le livre aurait pu s'appuyer sur cette expérience, mais il se propose de prendre les choses à un niveau moins intime et de donner la parole aux professionnel-le-s de l'analyse des rapports historiques, politiques et sociaux entre les sexes (autrement appelés « rapports de genre ») que nous sommes devenu-e-s. Nous proposons dans cet ouvrage de revenir sur le passé, le présent et le futur du féminisme, afin de rendre compte de la façon dont il a changé, dont il change nos vies. Plus qu'un bilan, il s'agit de proposer une lecture vivante des prises de position féministes contemporaines et des questions dont elles s'emparent. Déclinée au présent, notre réflexion vise ce qui a eu lieu, ce qui est en cours et ce qui s'ouvre. Elle propose de considérer, contre certain-e-s de ses détractrices et détracteurs, que le féminisme a de l'avenir dans la mesure où il s'empare, où il est concerné et où il permet de travailler nombre des questions actuelles qui définissent la possibilité du « vivre ensemble ».

Les années de repli ?

Il est commun de considérer le féminisme comme un mouvement dépassé dont il n'y aurait plus rien à attendre et de disqualifier celles et ceux qui s'en réclament au titre de l'excès voire de l'hystérie. Certaines figures importantes de ce qu'on appelait autrefois la « cause des femmes » ont ainsi plaidé le droit d'inventaire et clamé haut et fort que d'aucunes avaient fait « fausse route » (Badinter 2003). Le féminisme n'aurait-il rien apporté ? N'apporterait-il désormais que des méfaits ? La charge paraît d'autant plus lourde qu'elle intervient à l'issue d'une période (les années 1980-1990) particulièrement défavorable aux formes d'expression publiques et organisées du féminisme.

À bien des égards, les années 1980 marquent une sorte de repli, un moment d'essoufflement de la pensée et de l'action féministes après le foisonnement des années 1970 et avant le retour dans les années 1990 de nouvelles actrices, de nouveaux acteurs et de nouvelles revendications, qu'il s'agisse de la renaissance d'un mouvement politique homosexuel autour de « l'urgence humanitaire » que constitue alors l'épidémie du Sida (Chauvin 2005), de la campagne en France pour le PACS (Fabre et Fassin, 2003 ; Borillo et *alii*, 1999), puis du retour sur le devant de la scène de la question cruciale de la participation des femmes aux instances élues avec le mouvement pour la Parité (Gaspard et *alii*, 1992).

Acquis de haute lutte, les droits civils et politiques des femmes semblent relever au cours de ces années d'une évidence non questionnée, jusqu'à ce que le décalage entre démocratie formelle et démocratie réelle soit pointé. Si l'égalité professionnelle et salariale se situe au cœur de la politique volontariste d'Yvette Roudy et que les années Mitterrand voient la mise en œuvre de politiques publiques d'inspiration féministe qui forment ce qu'on appellera le « féminisme institutionnel » (Jenson et Sineau, 1995), des inégalités structurelles persistent en matière d'accès à l'emploi et aux professions, et du côté du déroulement des carrières et des salaires. La crise et la multiplication du temps partiel et des formes d'emplois dits « atypiques » ouvrent bientôt à d'autres inégalités. Le rapport salarial issu des trente glorieuses est profondément remis en cause à partir du milieu des années 1980. Le chômage, le sous-emploi et le temps partiel non choisi (Angeloff 2000), mais aussi les contrats de travail précaires et, finalement, la pauvreté laborieuse deviennent des données structurelles des économies européennes. Flexibilité, déréglementation, mise en concurrence internationale des marchés et des personnes questionnent le rapport entre les marges et le cœur du travail et de l'activité (définies souvent à tort comme relevant de catégories de main-d'œuvre spécifiques telles que les femmes), (Maruani 2011). Ces transformations interrogent le « devenir-femme » de la travailleuse ou du travailleur ordinaire, le « devenir immigré-e » de l'inclus-e (Revel 2003), les frontières entre les inclus-e-s et les exclu-e-s étant de plus en plus poreuses et la centralité d'une sphère « d'inclus » au sein des économies et des sociétés européennes devenant elle-même problématique.

Dans ce contexte économique et social particulièrement difficile et très marqué par l'idéologie néolibérale, les revendications collectives – qu'elles soient ou non féministes – connaissent en Europe une sorte de *backlash* en même temps qu'elles sont reformulées. Le travail (et les formes de domination et d'exploitation qui y ont cours), à cause (ou en dépit) des mutations profondes à l'œuvre, n'est plus défini comme le cœur à partir duquel la lutte sociale peut se déployer. Si les chercheuses et chercheurs féministes continuent à étudier le travail et que leurs réflexions alimentent certaines discussions politiques ou syndicales, nombre de travaux et de luttes féministes s'attachent à d'autres questions. C'est surtout du point de vue des droits individuels, et en particulier de la question des droits des personnes, du droit à la différence, à l'indifférence, autour des questions relatives à la représentation politique, aux droits des minorités (notamment des homosexuel-le-s) que le mouvement féministe est finalement revitalisé, investissant une multitude de débats et une série de grandes affaires publiques qui se focalisent par exemple sur le « voile islamique », le mariage homosexuel, la réglementation de la prostitution et, dans une moindre mesure, les nouvelles technologies de reproduction et les questions bioéthiques.

Ces « affaires » occupent la première place dans les médias, elles interrogent les contours de la

République et de l'universalisme à la française, le devenir des générations issues de l'immigration, l'altérité et les formes « tolérables » qu'elle peut prendre, les différences culturelles et religieuses, les modèles de sécularisation (Guénif-Souilamas et Macé, 2004 ; Delphy 2008). D'autres questions y sont très directement débattues : les rôles féminins et masculins, le devenir de l'institution familiale, les formes possibles de filiation, autant de questions qui, touchant à la sexualité, la généalogie et la parenté, interrogent également l'identité d'une communauté. Par bien des aspects, ces débats qui prennent la forme d'une « discussion nationale » semblent manifester la perméabilité nouvelle du cadre de référence. Le cadre échappe, il est percé de toute part et c'est justement la question de l'échelle et de la détermination d'un espace politique possible pour définir valeurs et normes, et finalement agir politiquement, qui est aussi posée.

Ressources, diversité et inventivité des féminismes

Face à une nouvelle donne politique, économique, sociale et internationale, le féminisme est-il armé pour apporter des réponses ?

Haut lieu d'échange, la pensée et la pratique féministes sont par tradition et nécessité concernées par les thèmes de l'égalité, de la différence, de l'altérité, de la diversité. Espace de réflexion transnational, le féminisme a par ailleurs produit des catégories d'action et des outils qui sont aujourd'hui utilisés à l'échelle internationale et qui contraignent les actrices et acteurs au niveau local, occidental ou non occidental, formant une sorte de nouveau référentiel pour la conduite des politiques de développement, l'audit des États et de leurs prétentions « démocratiques », la mise en œuvre de politiques de réparation à la suite de conflits armés ou l'accompagnement de politiques économiques (Falquet et *alii*, 2010 ; Biewener et Bacqué, 2011). En ce sens, loin d'être archaïque, le féminisme nous apparaît comme un mode de pensée et d'agir vivant et actuel, cependant qu'il est possible de mettre en évidence la diffusion et, dans une certaine mesure, la routinisation d'une partie de ses « produits dérivés » sous la forme d'instruments actifs dans nombre d'aspects concrets de nos vies.

Travail, économie mondialisée, représentation politique, relations et institutions internationales, sexualité, famille, immigration, l'objectif de l'ouvrage est de revenir sur ces questions et de les mettre à l'épreuve de la pensée et de l'action féministes. Nous le faisons depuis notre expérience et notre expertise, en tant que membres d'une équipe spécialisée dans le domaine des études de genre. Nous mobilisons ce qui nous unit et ce qui nous différencie, tant du point de vue des centres d'intérêt que des relations passées et présentes que nous entretenons (ou non) avec l'action militante. Spécialistes de l'analyse des rapports sociaux de sexe et de la théorie féministe, au contact depuis de nombreuses années avec des étudiant-e-s de tous horizons qui viennent chercher des réponses et proposer de nouvelles questions dans nos cours et conférences, notre objectif est de donner à voir les atouts, les atours et la créativité des féminismes contemporains, ce qu'ils ont ouvert et contribuent à ouvrir tant en termes de pensée que d'action. En proposant de répondre par l'affirmative à la question « Le féminisme change-t-il nos vies ? », nous ne souhaitons ni faire preuve d'angélisme, ni pratiquer une sorte d'auto-consécration. Nous n'appartenons à aucune église et ne formons pas une école dont il faudrait défendre la ligne ou les intérêts. Ce qui nous intéresse, c'est de répondre par la pluralité et de montrer l'intérêt et la complexité des questions posées par la pensée et les mouvements féministes.

Car le féminisme est pluriel. En tant que mouvement social et que théorie critique, il entretient avec la pensée des Lumières, l'idée de progrès et d'émancipation, des relations tour à tour positives et négatives. Il esquisse des voies théoriques et pratiques pour hériter de l'universalisme qu'il critique et sape à tout instant, inventant de nouvelles formes d'action, coalisant des acteurs nouveaux qu'il contribue aussi à transformer, tout comme il transforme les catégories de pensée elles-mêmes. Du haut de ses deux siècles d'histoire contemporaine – si on considère ici l'espace occidental – le féminisme a contribué à déstabiliser de façon profonde et sans doute irréversible les définitions de la société et du politique, en s'attaquant à des questions aussi simples et essentielles que : Qu'est-ce qu'un homme ? Qu'est-ce qu'une femme ? Qui peut être citoyen-ne ? Qu'est-ce que le travail ? Qu'est-ce qu'une famille ? Qui peut être parent ?

Ayant hérité du marxisme et ayant contribué à le renouveler, ayant été parties prenantes du socialisme et contribuant aux formes contemporaines de la radicalité, les féminismes participent aussi des mouvements écologistes, libertaires et, plus récemment, altermondialistes qu'ils contribuent à modeler. Les féminismes sont donc nécessairement isolés et partageurs, tentés par la singularité et l'entre-soi féminin (un enjeu politique de premier plan dans l'histoire du féminisme) ou, au contraire, par la mixité sous des formes toujours nouvelles et réinventées. Le féminisme partage donc avec d'autres mouvements un certain nombre de concepts et de problèmes, de savoirs et d'actions, d'avancées et de *backlash*, comme nous l'avons mentionné. C'est à ce titre, comme au titre de sa propre production et de ses propres impératifs, qu'il peut être considéré comme un laboratoire épistémologique, politique et social du contemporain, un espace d'échanges et de rencontres des idées et des outils.

Actualité et avenir
des féminismes

Le (post)féminisme, les mouvements gays et lesbiens, le mouvement *queer*, les mouvements politiques issus des revendications postcoloniales sont-ils l'avenir du féminisme ? Ils en constituent d'ores et déjà le présent, par la façon dont ils lui sont liés et dont ils s'en différencient. Ces mouvements défendent pour partie des intérêts et des valeurs communes, et en dépit des causes spécifiques à faire valoir, ils contribuent, ici et maintenant, à inventer des mondes qui se trouvent ainsi recomposés dans les modes de vie, les valeurs et les horizons d'attente, à l'interstice des questions laissées en friche par les un-e-s ou les autres.

Faudrait-il en conclure que le féminisme se trouve aujourd'hui disséminé, dilué, voire perverti ? Nous préférons proposer une lecture plus complexe du social, mais en un sens plus réaliste. Cette lecture prend au sérieux le fait que l'activité de connaissance et l'activité militante se trouvent toujours hybridées et recomposées dans le frayage avec d'autres pensées, d'autres acteurs, mais aussi en raison des conditions concrètes qui entourent l'action et des logiques individuelles et collectives qui y ont cours.

En un sens, on pourrait dire que nous défendons – grâce au féminisme – une vision présentiste et plurielle de l'avenir. Les féminismes ont des avenirs et ces avenirs sont en cours. Ils sont déjà notre condition. Les théories féministes nous aident à repenser notre vision de l'histoire et les histoires que nous nous racontons à son propos (Haraway 2007). Elles nous permettent de faire le deuil de la totalité et des grandes catégories génériques et héroïques : Nature, Culture, Progrès, Homme, Universalité, Futur. Elles nous signalent l'intérêt qu'il y a à explorer les alternatives disponibles, à figurer et expliquer comment elles vivent et à quelles conditions elles pourraient être poursuivies et approfondies. Si les formes contemporaines de la pensée et de l'action n'ont plus le caractère de totalité et de pureté dont les programmes épistémologiques et les lignes idéologiques d'antan pouvaient se revendiquer, c'est qu'en politique, comme en science, nombre de certitudes inébranlables, notamment à propos de l'avenir et de ce qu'il convient d'entreprendre pour le bâtir, ne peuvent simplement plus être. Les féminismes contemporains sont à cette image : impurs, partiels, hybrides, ils sont aussi radicaux, audacieux et inventifs. Souvent ironiques, les activistes d'aujourd'hui inventent des gestes qui sont aussi redéfinis par les formes actuelles de la médiation technique. Elles sont de leur temps, qu'on pense, par exemple, à la vitalité du cyber-féminisme (« webgrrls », « riot », « guerrilla[1] » et autres « bad grrls ») (Sollfrank 1997) ou aux modalités nouvelles d'expression plastique et esthétique qui se sont déployées entre technologie, art et féminisme sous les noms personnels et collectifs de Valie Export, VNS Matrix ou Guerillagirls (Pollock 2009).

      Les modalités suivant lesquelles on se coalise, on convainc, on diffuse des idées, des slogans ou des revendications et, finalement, on définit des formes d'action, tiennent aussi à ces possibilités nouvelles de connexion, de mise en réseau et, en particulier, à la réactivité qu'elles permettent. Les forums cybersolidaires répercutent l'actualité des luttes de certaines femmes – comme par exemple les mouvements sporadiques et réitérés des femmes mexicaines des *maquiladoras* qui, contraintes par des journées interminables de travail, un contrôle social et patriarcal élargi sur leurs faits et gestes, peuvent trouver dans les plateformes numériques des ressources pour se fédérer et organiser leurs activités. Dans un autre style, mimant les performances plastiques, le collectif « La Barbe[2] » semble avoir un impact significatif sur différents publics d'internautes en sensibilisant avec humour (des femmes avec une barbe postiche surgis-

sent dans une assemblée masculine en brandissant le pan-
neau « La Barbe ») à la question toujours actuelle de la mono-
polisation des institutions et des centres de décision
politiques et économiques par les hommes.

« La Barbe » a donc de l'avenir, parce qu'elle
s'appuie sur un monde commun, des valeurs tenues pour
acquises (l'égalité des femmes et des hommes dans toutes les
sphères de la vie publique et économique). Ses messages
visuels sont un exemple de ce qui peut être tenu pour partagé
et comme « endormi » dans le social, une sorte d'adhésion non
dite à certains argumentaires féministes. Au-delà des formes
actives et revendiquées comme telles du féminisme, l'enjeu du
livre est aussi de faire état de la façon dont les idées et – dans
une certaine mesure – les valeurs et normes politiques,
sociales et sexuelles initialement portées par le féminisme se
sont (ou non) diffusées dans la société, imprégnant plus généralement le social, et contribuant à le remodeler.

En redonnant sa place au féminisme en
tant que mouvement social, il s'agit de rendre compte de son
efficace et de sa force. L'enjeu est aussi de dire ce que le/les
féminismes ont apporté de singulier et de spécifique, ce
qu'ils ont déplacé et contribué à déplacer dans les multiples sphères de la vie sociale et politique, d'indiquer en quoi
nos vies ont été changées par le féminisme, le sont, et le
seront encore. Il s'agit finalement de présenter la façon dont
le féminisme se propose d'articuler des espaces de pensée
et des espaces du savoir, d'articuler science et politique.

Pour conduire à bien ce projet, notre
réflexion s'organise autour de six questions qui forment les
chapitres successifs de ce livre :
· Le féminisme a-t-il transformé la politique ?
· Le féminisme a-t-il déplacé les frontières du travail ?
· Le féminisme a-t-il redéfini les sexualités ?
· Un féminisme « décolonial » est-il possible ?

· Le féminisme est-il soluble dans l'individu ?
· Le féminisme émancipera-t-il les hommes ?

La formule interrogative laisse la lectrice et le lecteur libres de s'approprier les exemples, les discussions et les théories mobilisées. Elle permet de mesurer l'importance de certains acquis (les chemins parcourus), la permanence de certaines inégalités ou formes de la domination, et d'esquisser les ressources ou les initiatives dont les actrices et acteurs font ou pourraient faire preuve pour le présent et dans l'avenir. Elle laisse donc en partie ouverte la question de l'interprétation et des formes possibles d'appropriation de ces expériences et de ces réflexions.

petite
encyclopédie
critique

Le fém
a-t-il tr
la polit

nisme
ansforn
que   ?

Le féminisme
a-t-il transformé
la politique ?

Isabelle Giraud

Le féminisme comme ensemble d'idées et de stratégies émancipatrices, propose des changements non seulement sociétaux mais aussi politiques. Le mot « politique » indique ce qui touche à la Cité. Aristote l'oppose à la famille et au village, auxquels les représentations de la division sexuelle des activités rattachent les femmes. Les hommes se voient réserver *la* politique, espace de lutte pour le pouvoir et série d'enjeux concernant l'organisation de la société, la définition des droits des citoyen-ne-s, les grandes orientations sur des sujets particuliers, guerre, économie, santé, logement, etc. Du fait qu'il procède d'un humanisme centré sur la reconnaissance de la parole des femmes – le *logos* au fondement de la *polis* – le féminisme a pour vocation de transformer à la fois les représentations de *ce qui* est politique et de *qui* est politique. Ainsi, nous pouvons nous demander si, malgré la persistance de l'attribution aux femmes de la famille et du social, le féminisme n'aurait pas tout de même transformé la politique...

Deux moments importants des mobilisations féministes des quarante dernières années permettent d'esquisser une réponse à cette question : autour du slogan des années 1970 « le privé est politique », les féministes ont renouvelé la définition de la politique et élargi les espaces concernés. Autour des revendications d'accès à la prise de décisions depuis les années 1990, les féministes ont bousculé un univers de privilèges masculins.

Autour du slogan « le privé est politique »

Le féminisme a dénoncé l'iniquité des lois et des politiques publiques en vigueur

Adopté dans de nombreux pays, le Code civil napoléonien de 1804 fixe les règles du droit familial, organise la mise sous tutelle des femmes et leur confinement dans l'espace privé de la famille. La politique économique libérale qui accompagne le développement du capitalisme renforce ce dispositif en insistant sur la non-ingérence de l'État dans les affaires privées. Dès le XIXe siècle, les féministes revendiquent des changements de statut juridique pour être reconnues capables et majeures. Elles dénoncent les lois et politiques publiques limitant leurs droits : inégalités juridiques concernant la propriété, le divorce, la nationalité, les enfants et leurs maternités, inégalités dans l'accès au travail et à l'éducation, inégalités dans les codes vestimentaires, dans l'octroi des aides de l'État, etc. Plus tard, dans les années 1960-1970, le slogan « le privé est politique » concernera nombre d'enjeux producteurs d'inégalités mais considérés comme des affaires privées.

Avec ce slogan, les féministes dévoilent le fait que ces questions privées font en réalité l'objet de lois pouvant être injustes, et que l'absence de politique publique sur cer-

tains thèmes produit de l'inégalité. La résistance au changement dans l'espace politique reposait sur l'ignorance de ces
sujets. Désormais, les partis politiques, en particulier de gauche,
les syndicats et les États, ne peuvent plus les méconnaître. Par
exemple, la loi votée en France en 1920, qui interdit toute pro-
pagande pour la contraception et criminalise l'avortement, est
dénoncée comme étant criminelle. En novembre 1971, huit
mois après le manifeste des 343 femmes écrivaines, journalistes et actrices reconnaissant avoir eu recours à l'avortement,
l'avocate Gisèle Halimi, soutenue par les manifestations féministes, réussit à faire renoncer les juges de Bobigny à poursui-
vre une jeune fille ayant avorté et sa mère l'ayant aidée.
Contestée par les juges, les médias, la rue et les partis politiques de gauche, la loi française est modifiée le 1er janvier
1975, malgré l'opposition du parti au pouvoir. La libéralisation
de l'avortement ne prend pas les mêmes chemins partout,
mais repose toujours sur un travail actif des féministes et des
médecins alliés, passant par des pratiques d'avortements illé-
gaux, de création de centres d'accueil, de publicisation de l'enjeu par des films et des manifestations. Cette politisation du
privé prouve son efficacité non seulement par les changements législatifs, mais aussi par la résistance qu'elle suscite. Le
mouvement des opposant-e-s à l'avortement, dit « pro-vie » et
particulièrement puissant aux États-Unis, s'attaque justement
à la dimension politique des enjeux liés au corps en utilisant
conjointement la science et la religion, renvoyant ces questions à la loi naturelle et à la loi divine, autrement dit, à une
essence au-dessus des lois humaines.

Le féminisme a suscité
de nouveaux droits

Les droits à l'avortement et à la contracep-
tion, appelés droits reproductifs, font partie des nouveaux
droits créés pour les femmes. Même si la revendication

n'était pas explicitement liée à la citoyenneté dans les années 1970, ces droits le sont intrinsèquement (Marques-Pereira 2003) si l'on entend par citoyen le fait d'être « reconnu propriétaire de son propre corps » (Theret 1998, p. 114). La reconnaissance internationale de ces droits nouveaux est consacrée par l'ONU lors des conférences de Vienne (1993), du Caire (1994) et de Beijing (1995) : les droits humains des femmes comprennent la santé sexuelle et reproductive, ainsi que le contrôle de leur sexualité. Cependant, en 2010, il n'y a que 56 pays au monde qui reconnaissent le droit à l'avortement, assorti de délais variant entre 10 et 22 semaines et de dispositifs de santé publique pas toujours accessibles, souvent mal financés ou menacés de fermeture, comme par exemple en France. Une majorité de pays ne l'autorisent que pour des raisons de santé physique du fœtus ou de la mère. Une grande partie des efforts des mouvements des femmes continue de se concentrer sur la défense des droits reproductifs qui enrayent l'une des causes premières de mortalité féminine (encore 78 000 décès annuels recensés au niveau mondial suite aux avortements clandestins) et qui conditionnent pour les femmes une première forme d'autonomie.

Toujours en lien avec le slogan « le privé est politique » apparaît une série de revendications relatives aux violences faites aux femmes. En France par exemple, les violences conjugales et sexuelles étant considérées comme relevant du domaine privé, la police se gardait bien d'intervenir. Le viol n'était pas reconnu comme un acte criminel (un simple délit) et la femme était soupçonnée d'avoir tenté son agresseur. Une longue campagne autour de plusieurs affaires permet la modification du code pénal en 1980. En outre, le viol conjugal n'existait pas, juridiquement parlant, alors que de nombreux témoignages de femmes faisaient état de ces violences. Dans la majorité des pays du monde, il est couvert par la notion de « devoir conjugal ». Il est désormais reconnu dans 51 pays (depuis 1992 en France). Enfin, longtemps considéré comme une forme de galanterie, le harcèlement sexuel, qui relevait du « droit de cuissage », entre à son tour dans le vocabulaire politique. Par exemple, en Suisse, la loi fédérale de 1996 qui interdit la discrimination à l'embauche, dans les conditions de travail, le salaire, l'avancement, etc., interdit aussi le harcèlement sexuel en adoptant le principe d'inversion de la charge de la preuve (à l'employeur de prouver qu'il n'est pas coupable). Toutefois, la médiatisation de la vie privée des personnalités publiques – professeurs d'Université, grands patrons, politiciens – protège les hommes en dissuadant les femmes de porter plainte : elles craignent souvent, à juste titre, de ne pas retrouver un emploi après avoir dénoncé publiquement leur directeur de thèse ou leur employeur.

Enfin, les violences conjugales étaient considérées comme des modes de régulation de la vie familiale, au même titre que les violences envers les enfants. Ces violences concernent des millions de femmes et débouchent sur de nombreux décès (une femme tous les trois jours en France). En 1991, une pétition mondiale pour la reconnaissance des droits des femmes comme droits humains récolte 250 000 signatures. Suite à la conférence de Vienne, la Déclaration des Nations Unies sur l'élimination de la violence à l'égard des femmes, signée en décembre 1993, reconnaît les violences faites aux femmes comme violation des droits humains. Les organisations internationales, comme Amnesty International, abordent désormais ce sujet dans leurs rapports et leurs campagnes d'action, ce qui les médiatise. Les États qui légifèrent encore en faveur des pratiques de lapidation, de crimes d'honneur, etc. deviennent la cible de campagnes médiatiques, comme par exemple les Émirats Arabes Unis en 1994, forcés de revenir sur la sentence de Sarah

Balabagan, une bonne philippine condamnée à mort pour avoir tué son employeur suite à des viols répétés.

Cependant, en conférant une dimension politique à ce phénomène, le féminisme met le doigt sur l'une des dimensions constitutives de la domination masculine : la construction de la virilité comme force de coercition. La résistance des hommes n'a pas tardé. Par exemple, au Québec, la réaction antiféministe dans les années 2000 repose sur le culte d'une virilité fondée sur la puissance physique, l'exercice de la violence et du combat avec pour modèle les « super-héros » (Blais et Dupuis-Déri, 2008). La recrudescence de la violence dans le cinéma, les dessins animés, les jeux vidéo et autres jouets participe de cette résistance qui cherche à renforcer les stéréotypes de la virilité dans la construction identitaire des petits garçons.

Mais le féminisme n'a pas encore totalement redéfini le champ du politique

Finalement, en clamant que le privé est politique, le féminisme a suggéré beaucoup plus qu'un simple déplacement du regard vers les relations interpersonnelles. La politique ne s'arrête pas à l'espace électoral et partisan, ni à celui des mouvements sociaux et partenaires sociaux (syndicats/patronats). Elle se présente partout dans les rapports sociaux, dans la construction des normes, des stéréotypes, des enjeux définis comme politiques ou non, ainsi que dans l'accès prioritaire des hommes aux espaces publics. En particulier, elle se lit en creux dans les pratiques d'ignorance et d'évitement des femmes par les médias (analysée au niveau mondial depuis 1995 dans le cadre du « Global Media Monitoring Project[3] »). La politique des médias consiste également à requalifier en question sociale les sujets qui concernent le genre ou à critiquer vertement

27

les initiatives féministes. L'espace administratif n'est pas davantage politiquement neutre. On trouve la politique au cœur des relations entre administrations et administré-e-s, dans les résistances des premières à l'application des lois en faveur des femmes, par exemple. La politique se trouve encore dans le choix des images publicitaires et des jeux des enfants. Elle est dans l'école et ses manuels scolaires, dans l'université et ses objets de recherche, etc. Ces espaces sont des lieux de construction des identités, d'entretien des normes morales, des lieux de définition des valeurs au fondement des idées politiques défendues ensuite dans les arènes électorales, parlementaires, exécutives et de négociation sociale. Il y a bien un enjeu majeur à définir ces questions comme proprement politiques. Les acteurs de la compétition électorale cherchent à conserver précieusement le monopole de la définition de ce qui relève de leur pouvoir, tandis que les autres se protègent de la critique d'abus de pouvoir en se dédouanant d'être politiques... tout en entretenant les frontières du genre.

Toutefois, à la fin des années 1980 et au début des années 1990, cette critique du monopole masculin de la définition du bien public prend de l'ampleur et se cristallise autour de l'une des revendications les plus mondialement partagées : l'accès à la prise de décisions.

Autour de la revendication d'accès à la prise de décisions

Le féminisme a contesté le caractère démocratique des régimes politiques occidentaux

La Déclaration d'Athènes du 3 novembre 1992, signée par les femmes politiques réunies lors du Premier sommet européen « Femmes au pouvoir », organisé par la Commission européenne, constitue l'un des documents les plus emblématiques de la revendication d'accès à la prise de décisions en Europe. Cette déclaration repose sur le constat d'un « déficit démocratique » et aspire à une démocratisation très large de toutes les « sphères de la société » (Gaspard 1997, p. 207). Parmi elles se trouvent les organismes européens, les États, les partis politiques, les partenaires sociaux, syndicats et organisations patronales, les médias. Cette déclaration définit l'égalité formelle et informelle comme un droit humain exigeant la parité de représentation et d'administration des nations. Les femmes représentant la « moitié des talents et des qualifications », seule une participation équilibrée permettra de prendre en considération la totalité des « intérêts et des besoins ». On trouve également l'hypothèse que la parité pourrait engendrer de nouvelles valeurs et des comportements différents.

Selon les pays, cette revendication a été plus ou moins soutenue par les mouvements des femmes. Par exemple, en France, autour de la célébration du bicentenaire de la révolution française en 1989, de nombreux travaux d'historien-n-es rappelant les principes démocratiques d'égalité critiquent la notion de fraternité, l'exclusion des femmes de la définition des droits de l'Homme et dénoncent le déficit démocratique lié à l'absence des femmes en politique. Ce que les médias appellent la « crise de la représentation politique » peut trouver sa solution dans la revendication de parité en politique (Giraud et Jenson, 2001). Néanmoins, au sein du mouvement féministe, cette revendication, fondée sur une redéfinition du citoyen universel comme étant sexué, véhicule des relents d'essentialisme. De ce fait, l'idée de représenter les intérêts et les besoins de la population féminine est effacée de l'argumentaire en faveur de la parité, éludant la question des politiques publiques qu'il reste à mettre en œuvre pour atteindre l'égalité. En outre, dans le processus d'amortissement de la demande par l'État, l'espace public est progressivement réduit, jusqu'à ce que la loi de 2000 ne concerne plus que certaines assemblées : les listes sont paritaires aux scrutins proportionnels uniquement, tandis que le dispositif de sanction financière pour l'Assemblée nationale s'avère inefficace (Sénac-Slawinski 2008). Bien entendu, ces limites dans la mise en œuvre de la parité, réduite à une « présence » partielle des femmes en politique en France, ne sont pas les mêmes pour tous les pays. Au Rwanda par exemple, après la guerre civile, les femmes se sont mobilisées pour obtenir un quota constitutionnel plancher de 30 % (voté en 2003). Aux élections de 2008, le Rwanda compte 56,3 % de députées, dont des représentantes du mouvement des femmes, et le pays s'est engagé dans plusieurs réformes concernant l'égalité : régimes matrimoniaux, violences, etc.

Le féminisme a inventé
de nouveaux concepts
de gouvernance mondiale

De 1975 à 1995, l'ONU organise régulièrement des conférences internationales sur les droits des femmes qui offrent aussi l'occasion aux militantes féministes de se rencontrer. À Nairobi, en 1985, quantité de groupes de femmes se réunissent et réclament le renforcement de leur pouvoir d'action par la création de mouvements autonomes et le travail collectif de conscientisation, ce qu'elles appellent *l'empowerment*. Écoutées par une institution qui doit beaucoup aux organisations non gouvernementales dans le renforcement de sa légitimité, les associations sont invitées par l'ONU à participer pleinement aux processus d'évaluation de la situation des femmes de leurs pays pour la conférence de Beijing, en 1995. Pour certains États, c'est la première fois qu'ils écoutent la voix politique de groupes de femmes. Cela renforce la tendance des femmes à s'organiser à l'échelle transnationale. Des rencontres régionales précèdent l'événement (Amérique latine et Caraïbes, Europe). Au total, près de 50 000 militantes se retrouvent au forum parallèle des ONG, d'où émergent de nouveaux réseaux féministes transnationaux. Ainsi, une force politique nouvelle s'affirme à l'échelle internationale.

À l'issue de cette synthèse, le premier objectif du Programme d'action de Beijing est de « donner plus de pouvoir aux femmes (...) [et d'] éliminer tous les obstacles qui empêchent les femmes de jouer un rôle actif dans tous les domaines de la vie publique et privée en participant pleinement, et sur un pied d'égalité, à la prise de décisions dans les domaines économique, social, culturel et politique » (ONU 1996). Les instruments proposés pour féminiser l'espace politique sont les quotas légaux de candidats (constitutionnels et/ou législatifs), les quotas dans les partis politiques (variables), les sièges réservés (constitutionnels ou législatifs) et les mesures incitatives. Un nouvel indicateur est créé, l'indice de potentiation du genre (IPG), mesuré à partir de la proportion de femmes parlementaires et celle de femmes professionnelles et techniciennes. En complément, en 2000, le Conseil de sécurité de l'ONU vote la résolution 1 325 exigeant la participation des femmes aux décisions dans les processus de paix. Du fait que la simple présence de femmes ne garantit pas des politiques de correction des inégalités, un troisième principe, inspiré du modèle européen et canadien, est ajouté : l'approche intégrée de l'égalité est tantôt interprétée comme devant « veiller à ce que les besoins des femmes soient pris en considération dans tous les secteurs de la société », tantôt comme visant à s'assurer que les États et les organisations supranationales développent des outils statistiques et analytiques pour vérifier que les lois et politiques publiques n'ont pas d'effets discriminants.

Toutefois, le mode « écoute » des mouvements des femmes s'apparente aussi à une adaptation des demandes féministes au vocabulaire de la gouvernance internationale et de l'idéologie néolibérale. Dans l'interprétation de la notion d'*empowerment*, l'idée d'un processus de prise de conscience dans l'action collective est gommée au profit d'une vision utilitariste d'adaptation individuelle des femmes au marché et aux espaces publics. Dans sa mise en œuvre au niveau national, l'*empowerment* s'est souvent traduit par le subventionnement de projets et/ou services offerts aux femmes par les militantes, en lieu et place de services publics qui auraient été plus coûteux. La dépendance financière tend alors à étouffer la contestation (Falquet 2008). De son côté, l'approche intégrée de l'égalité se trouve diluée dans une lutte contre toutes les discriminations. Enfin, l'égale participation des femmes à la prise de décisions fait rarement l'objet des priorités gouvernementales, médiatiques ou patronales. Le Comité d'évaluation de la Cedaw (Convention pour l'élimination de toutes les discriminations envers les femmes) a beau prioriser ce critère quantitatif dans ses rapports, en 2010 seulement 60 pays comptent moins de 80 % d'hommes dans la chambre basse, dont une vingtaine en comptent moins de 70 %. En l'absence de mesure coercitive, les chiffres stagnent. Et sans mobilisation des groupes féministes, les rares femmes présentes en politique ne légifèrent pas spécialement pour lutter contre les inégalités de genre.

Le féminisme n'a pas fini de promouvoir d'autres conceptions du pouvoir

En amont de la revendication de participation, le féminisme pose une critique profonde de la manière dont les hommes exercent le pouvoir. Dès les années 1970, de nombreuses associations se constituent sur des modèles communautaires, comme les « collectives de femmes » au Québec. Critiques d'un pouvoir hiérarchique exercé *sur* les autres, elles développent le concept d'un pouvoir *avec*, issu de la collectivisation des talents et de la recherche du consensus, et d'un pouvoir *d'agir*, orienté sur les projets et les activités sociales et politiques. Avant même de revendiquer une transformation des institutions en place, le féminisme vise une transformation sociale par l'invention de pratiques féministes alternatives.

Aujourd'hui, ce modèle demeure puissant dans l'organisation de nombreux groupes à travers le monde. Le mouvement international de la Marche mondiale des femmes par exemple, qui fédère plus de six mille groupes, s'organise selon un schéma coopératif : l'organe décisionnel est la rencontre internationale, où sont envoyées deux déléguées par coordination nationale, et qui prend ses décisions à l'unanimité consensuelle. L'organe exécutif est un secrétariat international tournant (à Montréal de 1998 à 2006, à

São Paulo depuis 2006) secondé par un Comité international composé de représentantes des diverses régions du
monde. Des groupes de travail transversaux fournissent des
documents d'appui et de réflexion collective. Le site Internet
est interactif, chaque coordination nationale pouvant y dépo-
ser ses informations (Giraud et Dufour, 2010).

Ce mode de fonctionnement réhabilite la
dimension temporelle du travail militant : il faut du temps
pour mettre d'accord des femmes venant de toutes les
régions du monde. Certains thèmes demeurant sans consensus (prostitution, droit des lesbiennes), on accepte donc l'in-
décision. Se donner du temps permet aussi de s'approprier
une identité de citoyenne du monde prônée dans la Charte
mondiale des femmes pour l'humanité, adoptée à Kigali en
décembre 2004. Cela donne la possibilité d'intégrer les problématiques venues d'ailleurs et encourage à réviser ses
propres revendications nationales à l'aune des enjeux inter-
nationaux. Tel est le cas, par exemple, pour la souveraineté
alimentaire, un thème mis en avant par les féministes latino-
américaines et africaines. À l'heure de la mondialisation,
caractérisée par la compression du temps, ce féminisme
peut paraître contre-productif et politiquement anticonfor-
miste. C'est que le féminisme ne peut sans doute pas transformer la politique du jour au lendemain : ses outils de
transformation visent à la changer durablement.

Bien entendu, dans des contextes normés
par un modèle de pouvoir coercitif et où les jeux d'influence
préexistent à la présence des femmes dans les espaces
publics, on constate plutôt une recomposition de ces jeux
(Achin et *alii*, 2007), que l'évolution vers des normes plus coopératives. Même dans les espaces mixtes du monde associa-
tif, syndical et politique, qui composent aujourd'hui le
mouvement altermondialiste, la question du partage du pouvoir entre femmes et hommes demeure épineuse. Pourtant,

de nombreux militants masculins admettent que les pratiques féministes du pouvoir peuvent constituer un fondement de la transformation sociale anticapitaliste. D'ailleurs, ces pratiques sont montrées comme exemples d'alternatives réussies au capitalisme dans les diverses coopératives de l'économie sociale et solidaire. En outre, la « démocratie d'en bas », fondée sur la justice sociale et la solidarité, a été identifiée par les observateurs comme « condition pour la mise en œuvre des autres valeurs et principes du mouvement » (Della Porta et *alii* 2006, p. 82). Toutefois, il aura fallu une forte mobilisation des militants lors du Forum social mondial de Bombay en 2004 pour que soit mentionné le patriarcat à côté des autres fléaux que sont le capitalisme, le néolibéralisme, l'impérialisme, les guerres, le racisme, etc. (cf. l'appel du FSM de Mumbai, janvier 2004). Il aura fallu aussi beaucoup de pression pour obtenir la parité des oratrices et orateurs dans les tribunes, objectif rarement atteint dans les Forum, mais parfois dans les comités organisateurs (par exemple à Nairobi en 2007). Les femmes, comme les autres groupes minorisés, doivent encore constituer des assemblées à part ainsi que des ateliers axés sur leurs problématiques pour conduire leurs propres analyses des situations et diffuser leurs visions féministes du monde à construire.

Les mouvements des femmes ont politisé les affaires privées, déconstruit les frontières du politique, mais continuent à se battre pour démocratiser les espaces médiatiques, administratifs, universitaires, associatifs, patronaux et syndicaux, etc. Les féministes ont lutté pour débarrasser la vie politique d'une conception impérialiste du pouvoir et faire admettre aux hommes l'intérêt d'adopter une autre vision de leur participation à la vie publique, mais la résistance de ces derniers est encore forte. Si le féminisme apparaît aujourd'hui dans quelques livres de science politique, il demeure toujours à l'horizon des activités militantes la nécessité de le faire entrer pleinement dans le panel des idées politiques. Cette lutte n'est pas sans espoir. Les femmes sont souvent majoritaires dans les mouvements sociaux contemporains, même si elles n'ont pas la majorité des places de prise de décision. Elles participent à ces actions collectives qui, venant après le féminisme, ne peuvent faire l'impasse, pour être crédibles, sur une pleine intégration de ses idéaux politiques.

2

Le fémi
a-t-il dé
les fron
du trava

Le féminisme a-t-il déplacé les frontières du travail ?

Rachel Vuagniaux

La question du travail des femmes se réduit souvent aux questions de « conciliation famille-travail » ou de plafond de verre. Des quotas minimaux de 40 % de femmes dans les conseils d'administration des grandes entreprises seront par exemple introduits à partir de 2014 en France (Loi du 27 janvier 2011). Pourtant, focaliser le débat sur ces questions ne me semble pas fructueux car, même si elles démontrent une transformation claire des enjeux liés au travail des femmes, elles négligent les apports fondamentaux du féminisme.

Des inégalités toujours actuelles

Source d'autonomie financière, de reconnaissance et de valorisation, le travail rémunéré occupe une place centrale dans notre société. Il est actuellement le principal pourvoyeur d'identité sociale et joue un rôle majeur dans sa structuration en répartissant et en organisant les statuts sociaux. Si les femmes sont aujourd'hui considérées par le droit de manière égale aux hommes et qu'elles sont diplômées comme eux sinon plus, de nombreuses inégalités entre femmes et hommes persistent toutefois au sein de la sphère professionnelle. Ainsi, les femmes restent concentrées dans un petit nombre de filières, elles sont beaucoup moins représentées dans les postes à responsabilité, elles gagnent toujours moins que leurs homologues masculins et sont plus touchées par le chômage et le sous-emploi. Leurs conditions de travail revêtent plus souvent des formes atypiques, flexibilisées et précaires. Au-delà de ces discriminations visibles et quantifiables, la main-d'œuvre féminine est le plus souvent utilisée pour des travaux nécessitant des compétences particulières, généralement moins valorisées. Le travail féminin et le travail masculin ne sont pas semblables, que ce soit au niveau de leurs conditions d'exécution, de leur organisation ou de leur contenu. De surcroît, des représentations discriminantes sont toujours d'actualité : la contingence de l'emploi des femmes, leur affectation au travail domestique et sa dévalorisation, l'idée du salaire d'appoint ou encore celle que leur temps partiel est toujours choisi. Les conséquences en sont multiples : les contraintes liées au travail domestique, les enjeux d'autonomie financière ou encore la nécessité d'avoir un emploi ne sont pas reconnus de la même manière pour les femmes que pour les hommes.

Ces discriminations se repèrent dans des cadres nationaux différents et des contextes économiques et sociaux variés. Ce chapitre vise à montrer comment les analyses du travail portées par les militantes et les chercheuses féministes sont efficaces pour leur compréhension mais aussi pour poser des lignes d'action. Ne pouvant faire l'inventaire de leurs apports quant à ces questions, je me focaliserai ici sur quelques frontières qu'elles ont permis de redéfinir et sur les décentrements qu'elles ont opérés quant au travail professionnel vis-à-vis du travail domestique, l'évaluation des qualifications ainsi que la norme de l'emploi à temps plein. Je terminerai en montrant comment leur analyse des mécanismes de la domination permet de (re-)politiser certaines questions sociales en partant d'enjeux originaux pour proposer de nouvelles alliances.

Élargir les questionnements

Les mouvements féministes et la recherche dans une perspective de genre ont ouvert d'autres perspectives et, en particulier, posé la nécessité de transformer l'analyse du travail. En ouvrant les champs d'investigation tout en proposant de nouveaux éclairages à d'anciens questionnements comme la valeur du travail, sa définition ou ce qu'est une compétence, les objets et les outils de la sociologie du travail ont été reconsidérés. Ce déplacement du point de vue a ainsi légitimé de nouvelles problématiques et conceptualisations des questions liées au marché du travail, ce qui a permis de faire émerger des *a priori* auparavant invisibles de l'économie capitaliste et du patriarcat.

Les féministes ont conçu des outils théoriques qui ont permis d'interpréter les inégalités observées et de mettre au jour des mécanismes de différenciation et de hiérarchisation dans le domaine du travail. Par là même, elles ont développé les concepts de rapports sociaux de sexe et de division sexuée du travail, incontournables aujourd'hui pour la compréhension du monde du travail. Elles ont ainsi transformé les grilles d'analyse du travail : que cela soit en termes d'inégalités salariales, d'assurances sociales, de service public, de priorités syndicales ou de la place du travail dans notre société, leurs apports dans la compréhension du fonctionnement de notre société sont nombreux.

Les féministes ont dénoncé les inégalités entre les femmes et les hommes et la distribution asymétrique, au désavantage de ces dernières, des ressources sociales, qu'elles soient matérielles, culturelles ou symboliques. L'ancrage de ce régime de relation entre les sexes dans l'ensemble des structures sociales contribue à nier son caractère historique et social, le processus de sa construction et de son imposition. Le caractère systémique des inégalités leur conférant une certaine « naturalité », les discriminations envers le travail des femmes tendent à passer pour naturelles et universelles et ne sont pas considérées comme illégitimes.

Les conséquences des rapports sociaux de sexe dans la manière de conceptualiser le travail ont ainsi été questionnées et l'existence d'une double ségrégation, réelle et symbolique, a été mise en évidence. Les féministes ont ainsi théorisé la division sexuée du travail et mis en avant ses principes organisateurs, à savoir « le principe de séparation (il y a des travaux d'hommes et des travaux de femmes) et le principe hiérarchique (un travail d'homme "vaut" plus qu'un travail de femme) » (Kergoat 2000, p. 36). En cela, elles ont montré qu'adopter ce que l'on appelle aujourd'hui une perspective de genre rend l'étude des problématiques du travail plus complexe et plus exacte.

Un travail qui n'en est pas un : tout travail mérite-t-il salaire ?

Les féministes, en considérant la sphère privée comme un lieu où est effectué un travail et en questionnant sa séparation d'avec la sphère professionnelle, ont déplacé les fondamentaux de l'analyse du travail. En cela, elles ont transformé les catégories de pensée et ont permis de considérer la famille comme un lieu de consommation, mais également de production et donc de réalisation d'un travail.

La division du monde du travail entre une partie rémunérée et une autre qui ne l'est pas remonte à l'avènement du salariat. La délimitation de ce que l'on considère aujourd'hui comme du travail émerge au XIXe siècle, avec l'introduction du mode de production industriel et l'essor du capitalisme qui imposent une nouvelle définition du travail. Le travail non rémunéré, inséparable de l'organisation actuelle du travail, se caractérise par le fait qu'il n'est pas considéré comme du travail ni comptabilisé comme « activité économique », ainsi que par sa valorisation sociale mineure et sa réalisation de manière gratuite et invisible au sein de la sphère privée, majoritairement par des femmes (Delphy 1998). Ainsi, en étudiant la notion de travail domestique, les féministes ont fait apparaître l'accord qui sous-tend la définition actuelle du travail dans notre société : une grande partie du travail effectué par les femmes n'est pas reconnu comme du travail. La division sexuée du travail actuelle repose ainsi sur l'assignation prioritaire de la sphère et du travail domestiques aux femmes, ainsi que sur la dissy-métrie de la reconnaissance de ceux-ci par rapport à la sphère publique et au travail professionnel, les hommes effectuant les travaux à forte valeur sociale (Kergoat 2000).

La définition couramment admise de l'activité ignore une certaine quantité de travail, mais celle-ci est-elle significative ? L'évaluation en termes marchands du travail domestique montre qu'il est loin de constituer une composante négligeable de l'économie, puisque sa valeur a été évaluée entre 1 500 et 3 000 milliards de francs français en France en 1998 (Roy 2011) et à 215 milliards de francs suisses en 1999 pour la Suisse (Schmid et *alii* 1999). Ce montant équivaut à plus de la moitié du PIB (221 milliards de francs, dont 172 milliards pour le travail domestique et 49 milliards pour les tâches de prise en charge des personnes dépendantes). De plus, le temps qui y est consacré, 7,25 milliards d'heures en 2000 en Suisse, est supérieur à celui du travail rémunéré, 6,7 milliards d'heures la même année. En France en 1998, le nombre d'heures rémunérées s'élevait à 38 milliards et celui du travail domestique à 58,8 milliards, soit 155 % du travail rémunéré. Force est de constater que les analyses de l'activité ne prennent donc en compte que la moitié du temps travaillé réellement.

Malgré les évolutions en matière d'égalité entre les femmes et les hommes, la répartition traditionnelle du travail domestique perdure et ce constat se répète un peu partout. Ce travail demeure inégalement partagé en termes de contenu (bricolage et administration versus nettoyages et repas), mais aussi de temps, les femmes en effectuant entre les deux tiers et les trois quarts. Que ce soit en France ou en Suisse, elles investissaient en moyenne 30 heures hebdomadaires dans le travail domestique à l'entrée du xxie siècle, alors que la moyenne pour les hommes s'élevait à 17 heures, soit environ 50 % de moins[4].

Pour contrer les inégalités découlant du partage inégalitaire du travail domestique, des politiques de « conciliation » ont souvent été mises en avant comme étant la panacée. Pourtant cette « conciliation » ne se décline le plus souvent qu'au féminin, les mesures prises étant présentées comme une solution « pour les femmes ». À ce jour, ces politiques n'ont pas eu pour effet d'accroître drastiquement la participation des hommes au travail domestique et leur dispense à l'égard de ce travail, qu'ils aient une famille ou non, n'est pas interrogée.

Les solutions auxquelles recourent beaucoup de femmes sont ainsi l'externalisation (généralement en ayant recours à d'autres femmes) ou encore la réduction de leur temps de travail professionnel. Ce pseudo-choix du temps partiel est en fait le plus souvent imposé et est lié aux inégalités salariales, les femmes gagnant statistiquement un salaire inférieur à celui des hommes.

Notre organisation sociale profite de la prise en charge par les femmes du travail domestique pour faire des économies dans des domaines tels que la santé ou l'éducation. Remettre en question l'accord social sur l'exclusion du travail domestique de l'activité, le faire advenir comme véritable objet de recherches et de politiques ainsi que comme coût social et producteur de valeur permettrait d'engager de multiples transformations sociales. Les infrastructures de prise en charge collective, gratuite et de qualité au sein d'institutions publiques permettent de reconnaître la nécessité de ce travail, mais aussi de le faire sortir de la sphère privée et des solutions individuelles.

Le monde du travail actuel s'est construit en niant la nécessité du travail domestique ou, tout du moins, en considérant que les personnes qui l'accomplissent sont libérées de ses contraintes. L'assignation de celui-ci aux femmes et son exemption pour les hommes marquent leur accès respectif à la sphère professionnelle. Dans le sens inverse, la structuration du marché du travail entretient une relation dialectique avec ces inégalités. La structure familiale basée sur la conjugalité hétérosexuelle, tout comme l'organisation du marché du travail, est donc productrice d'inégalités. Leur analyse ne peut ainsi pas se faire indépendamment et doit nécessairement porter sur les deux facettes du travail en tant que système complexe mais entier.

Les frontières de la valorisation

La qualification doit être considérée comme une construction sociale dont le contenu dépend notamment des rapports sociaux de sexe. Son évaluation n'est pas figée et se modifie en fonction des évolutions sociales ou des processus de travail. De nombreuses études ont montré qu'elle s'adapte tout en maintenant la valorisation différente des métiers féminins et masculins ainsi que celle des tâches à effectuer. Que ce soit chez les ouvrières (Guilbert 1966), les infirmières (Daune-Richard 1998) ou encore les chirurgiennes (Cassel 2000), le déni de qualification et la dévalorisation du travail féminin se recomposent.

Par exemple, les mutations technologiques qui modèlent continuellement les professions pourraient désexualiser certains métiers fortement connotés comme féminins ou masculins. La technique est cependant utilisée pour recréer des différences (qui ne peuvent donc être considérées comme des reliquats historiques qui tendraient à se résorber). La valorisation par la technique est donc genrée (Chabaud-Rychter et Gardey, 2000). Dans les métiers masculins, elle sera systématiquement valorisée et qualifiée alors que dans les métiers féminins, elle est niée et dévalorisée en se faisant absorber dans l'identité féminine.

D'autres compétences, comme celles acquises par la socialisation et donc non formalisées par une formation ou des diplômes, ne sont pas assimilées à des qualifications professionnelles (à acquérir) mais sont plutôt considérées comme des qualités innées. Ces compétences sont naturalisées, ce qui permet de ne pas les considérer comme de véritables qualifications, même si elles sont indispensables à l'accomplissement du travail. Tout en étant identifiées et mobilisées au sein de la sphère professionnelle, elles ne sont pas objectivées en tant que telles, ni par une rémunération, ni en faisant l'objet d'un entretien. La dévaluation de ces « savoir-faire féminins » a pour corollaire celle du travail pour lequel elles sont nécessaires.

En ceci, le travail de *care*, qui comprend l'ensemble des services d'aide et de soins à la personne, est symptomatique. Ce travail renvoie au fait de se soucier des autres et d'agir dans le sens de leur bien-être, et donc simultanément à une activité et à une disposition mentale. En effet, la réalisation de ce travail est liée à un ensemble d'attitudes (la sollicitude, le souci des autres, l'attention, le respect, la responsabilité, la prévenance, etc.) qui créent un lien entre la ou le professionnel le et un-e ou plusieurs bénéficiaires.

Ce travail, peu valorisé économiquement et socialement même s'il demande une combinaison de compétences techniques mais aussi éthiques et sociales (Cresson et Gadrey, 2004), apporte peu de privilèges et de perspectives de promotion. Inégalement distribué entre les hommes et les femmes, il l'est aussi dans l'échelle sociale en étant majoritairement exécuté par des femmes des classes populaires.

Les discours actuels sur la mixité laissent entendre que celle-ci mènerait « naturellement » vers l'égalité. En dépit du fait que les métiers exécutés par les femmes ou les hommes se ressemblent fortement, la construction de postes de travail masculins et de postes de travail féminins se fait toujours dans une optique de différenciation hiérarchisée. Des frontières sont rebâties, les différences entre le travail des femmes et celui des hommes se jouant parfois dans des détails, mais la distinction demeure.

Des professions devenues mixtes demeurent ségrégées : dans les professions médicales ou juridiques par exemple, les spécialisations les plus porteuses de reconnaissance sociale telles que la chirurgie, le droit des affaires ou le droit pénal sont essentiellement l'apanage des hommes alors que les femmes se concentrent dans des secteurs considérés comme moins prestigieux tels que la pédiatrie, la gynécologie ou le droit de la famille (Fortino 2002).

Comme dans le cas de l'école, la mixité ne signifie pas l'indifférenciation. Si d'un côté, un certain nombre de femmes réussissent à accéder à des professions supérieures, de l'autre la majorité d'entre elles demeurent cantonnées dans des postes peu ou pas qualifiés, faiblement valorisés socialement, dans des segments de métiers considérés comme les plus féminins ou les moins nobles, avec peu de perspectives de promotion.

Ces exemples posent la question de l'évaluation de la valeur du travail et de la définition de la qualification et montrent les rapports de domination qui les sous-tendent. À quoi (et à qui) reconnaît-on un travail prestigieux et selon quels critères[5] ? De nouvelles structures d'évaluation sont à construire où la rationalité économique laisserait la place à une rationalité d'utilité sociale construite sur de nouvelles normes élaborées collectivement.

Une forme d'emploi atypique : le cas du temps partiel

La précarisation du travail s'exprime différemment en fonction du sexe (Kergoat 1998 ; 2000). Le temps partiel touche ainsi plus durement les femmes, ceci en raison de la légitimité sociale plus faible de leur présence sur le marché du travail.

Le temps partiel se définit comme un écart à la norme, celle du travail à temps plein (Maruani 2011). Ce type de travail est à plus d'un titre « hors norme ». En effet, temps partiel rime souvent avec horaires atypiques, discontinus, variables ou encore communiqués à la dernière minute. Le développement de ces horaires dits « flexibles » impose des ruptures dans la continuité des temps des salarié-e-s, transformant peu d'heures payées en beaucoup d'heures contraintes.

En le considérant comme une facette du sous-emploi, on peut analyser le temps partiel comme une conséquence du chômage : afin de pouvoir limiter l'augmentation du non-emploi, les conditions de travail sont précarisées. Le temps partiel est l'une des formes de cette précarisation qui se concrétise aussi dans d'autres formes, comme le travail intérimaire ou à durée déterminée (Maruani 2011).

Le temps partiel cumule les désavantages, qu'ils s'expriment en termes de statut, de condition de travail, de perspectives de promotion, d'accès à des formations ou de salaire (Angeloff 2000). Ces salaires partiels s'ajoutent aux inégalités salariales qui persistent. La faiblesse des salaires des femmes va de pair avec leur plus grande précarité et a pour corollaire leur dépendance vis-à-vis d'un tiers, qu'il soit leur conjoint ou l'État. De plus, la législation en matière de protection sociale étant largement enracinée dans le monde du travail professionnel, les femmes et les hommes se positionnent inégalement dans le système assuranciel par la reconduction des inégalités professionnelles.

Quelques avancées, mais surtout de nouvelles alliances

Les militantes et les chercheuses féministes ont permis de faire émerger des problématiques jusqu'alors impensées et de les amener jusqu'au débat public, comme le plafond de verre, les inégalités salariales ou la pauvreté des retraites des femmes. Ainsi, de nouvelles thématiques ont été saisies par le politique et une nécessité sociale de mettre en place des mesures est apparue. Des enquêtes budget-temps, des rapports sur les trajectoires professionnelles des femmes et des hommes, des campagnes de prévention en matière de harcèlement sexuel, l'interdiction légale des discriminations salariales, etc., sont autant de nouvelles politiques publiques qui ont ainsi vu le jour.

Si, grâce à ces politiques, certaines frontières ont été déplacées, leur suppression n'est pas encore d'actualité. En effet, il y a un pas entre l'admission de l'existence du travail domestique et sa reconnaissance comme activité indispensable et productrice de valeur, ou encore la nécessité d'en être libéré-e pour assumer un travail à temps plein. La tolérance et l'invisibilisation du surchômage féminin montrent clairement que la reconnaissance du fait que les femmes ont toujours travaillé ne signifie pas leur légitimité pleine et entière sur le marché du travail.

L'analyse féministe montre, au travers de la dénonciation des discriminations, l'euphémisation de la violence des inégalités économiques et sociales et le mouvement de précarisation du travail dont la main-d'œuvre féminine (comme celle d'origine étrangère ou racisée) a été le laboratoire. La gestion néolibérale rend paroxystique la centralité du travail en contaminant l'entier du social avec une conception marchande, tout en rendant difficiles les solidarités par une individualisation poussée à l'extrême. Les féministes, par leur travail de redéfinition des frontières et leur habitude de remettre les questions dans l'ordre du politique et du collectif et non plus de l'individuel, ont développé des outils qui permettent de construire des alternatives à l'insertion et l'identité sociales proposées par l'économie néolibérale. La perspective féministe permet de déconstruire les normes et les frontières et de repolitiser les questions de travail. Là où les anciennes structures n'existent plus, ne sont plus opérantes ou intelligibles pour les travailleuses et les travailleurs, les citoyen-ne-s, les usagères et les usagers, de nouvelles solidarités, de nouvelles identités sont à construire. Cette perspective permet aussi de coaliser les différent-e-s actrices et acteurs et de créer des luttes communes, des alliances sur des objectifs, tout en veillant à les articuler plutôt qu'à les hiérarchiser. C'est un objectif de rencontre qui se trouve posé, à partir de questions telles que le service public pour l'accueil de l'enfance par exemple (rencontre des usagères et usagers, des travailleuses et travailleurs, etc.), mais aussi à partir de leur traitement collectif (questions de la qualité de l'accueil, des conditions de travail, de l'accès en termes de coût ou de disponibilité, des options pédagogiques...).

Décentrer le travail : oui, mais avec une perspective de genre

La conception du travail rémunéré comme principal moyen d'insertion sociale et comme premier pourvoyeur d'identité se heurte à la désaffiliation et la perte d'identité liées aux nouvelles conditions de travail et au chômage. L'expérience de la double insertion professionnelle des femmes, qui implique une compréhension du temps et du travail où le travail rémunéré et le travail domestique ne s'opposent pas, peut être utilisée pour renouveler l'action collective de manière différente. En effet, elle peut questionner la centralité de la sphère professionnelle dans notre société et tendre à la déplacer. En sortant l'action collective des structures construites autour du « travailleur » envisagé comme un « ouvrier masculin travaillant à temps complet tout au long de sa vie », de nouvelles revendications peuvent émerger. Ces revendications pourraient prendre en compte l'autre sphère du travail, la sphère privée, qui implique pour chacun-e des obligations, mais aussi la nécessité d'avoir du temps libéré pour soi, pour des activités militantes ou associatives. Ceci permettrait de mieux vivre les temps de la vie où le travail rémunéré n'est plus aussi structurant, comme les périodes de chômage ou la retraite.

En cela, on peut voir le potentiel émancipateur d'une réduction généralisée du temps de travail. Pourtant, un bilan contrasté est tiré de son application en France. En effet, la redistribution du travail domestique entre les femmes et les hommes n'a pas eu lieu et l'articulation des temps sociaux n'a pas été véritablement améliorée. De plus, cette politique a fait apparaître les clivages entre les personnes bénéficiant de bonnes conditions de travail et celles, les moins qualifiées, dont les conditions de travail ont encore empiré par le biais d'un surcroît de flexibilité et d'une intensification du travail. Selon Fagnani et Letablier, « la réduction du temps de travail a agi comme un révélateur des inégalités entre salariés travaillant dans des secteurs protégés, avec une forte tradition de dialogue social et bénéficiant d'un environnement favorable à la famille, et les salariés soumis à des formes contraignantes d'organisation du travail » (Fagnani et Letablier, 2003). Cela montre l'importance des rapports de domination dans les négociations, mais aussi qu'une loi de ce type ne change rien aux rapports sociaux de sexe si elle n'est pas associée à un véritable projet d'égalité.

Les féministes ont montré que les rapports de domination s'articulent (genre, race, classe et sexualité) et qu'ils recomposent ensemble les inégalités au sein du monde du travail. La perspective de genre propose ainsi de nouvelles alliances reposant sur la reconnaissance de la complexité du monde social et de ses discriminations, en faisant dialoguer système patriarcal, capitaliste, hétéronormatif et raciste.

En prenant pour cible une conception androcentrée et hétérocentrée du « travailleur » actif à plein temps tout au long de sa vie et son extension escamotée – la femme au foyer –, les féministes ont fait advenir une nouvelle conception du travail et ont rendu possible de penser et de comprendre, en les replaçant entre les différents systèmes de domination, la séparation entre sphère privée et sphère publique, le travail domestique, le travail de *care* ou le temps partiel par exemple. L'analyse de certains phénomènes se révèle ainsi sous un autre jour lorsque l'on montre que les mécanismes de domination, comme l'exclusion et la précarisation, sont genrés, mais les résistances face aux changements qu'une telle analyse appelle sont tenaces.

3

Le fémi

a-t-il re

les sexu

Le féminisme
a-t-il redéfini
les sexualités ?

Lorena Parini

Féminisme et sexualité : contrôler, moraliser, éduquer, libérer ?

Depuis que le mouvement féministe s'est constitué en tant que tel au XIXᵉ siècle, la sexualité a toujours été un sujet de débat et de conflit. À cette époque, les mouvements féministes s'engagent sur des questions sexuelles parmi lesquelles la prostitution occupe une place centrale. Faut-il l'interdire ou la réglementer, par exemple par la création de maisons closes, permettant de suivre (et contrôler) les prostituées et ainsi de lutter, entre autres, contre la propagation de maladies sexuellement transmissibles ? Les abolitionnistes, parmi lesquels des féministes mais également des médecins, proposent une moralisation de la vie sexuelle plutôt que ce qu'ils considèrent comme un encouragement à la débauche autorisée dans les maisons closes. Les revendications féministes en matière de sexualité et de conjugalité se portent plutôt sur l'éducation sexuelle et l'égalité dans le couple que sur la libéralisation des mœurs. Contrairement à certains milieux d'extrême gauche, libertaires ou anarchistes, les féministes de cette époque ne prônent pas la contraception car cela pourrait favoriser l'exploitation sexuelle des femmes et la déresponsabilisation des hommes. Si pendant le XIXᵉ et le début du XXᵉ siècles, la priorité est donnée au contrôle et à l'éducation, dès les années 1920 on s'achemine vers une conception de la sexualité plus positive mais peut-être aussi plus politique (Chaperon 2009). En effet, entre les années 1920 et 1950, l'épanouissement sexuel dans le cadre conjugal n'est plus un tabou. Poussée par un certain individualisme montant, l'attirance sexuelle devient l'un des critères fondamentaux du choix de l'épouse ou de l'époux. La sexualité devient également de plus en plus un comportement humain à étudier et c'est durant cette période que se développe la sexologie, science

qui prendra une importance croissante tout au long du
XXe siècle. En 1921 naît à Berlin la Ligue mondiale pour la
réforme sexuelle, fondée par le sexologue et militant homosexuel Magnus Hirschfeld, à laquelle adhèrent de nombreuses féministes (les Françaises la rejoindront un peu plus
tard que d'autres féministes européennes). Ses buts sont
de faire de la connaissance de la sexualité non plus un cata-
logue de perversions, mais un instrument de promotion de
l'égalité sexuelle entre femmes et hommes, de la procréation
voulue et donc du contrôle des naissances, de la prévention
de la prostitution, de l'éducation sexuelle et de la dépénalisation de l'homosexualité. La montée du nazisme en
Allemagne et le régime de Vichy en France auront raison de
la Ligue, mais ses idées seront reprises et développées après
la deuxième guerre mondiale (Chaperon 2009).

L'idée que la sexualité n'est pas une nature
qu'il faut canaliser, socialiser ou moraliser, mais qu'elle recèle
un pouvoir libérateur et donc politique, fait son chemin. En
1949, Simone de Beauvoir publie *Le deuxième sexe*, ouvrage
qui aura un retentissement mondial et dans lequel elle ose
aborder le thème de la sexualité comme un élément libérateur pour les femmes (Riot-Sarcey 2002). Elle pose clairement la construction sociale de « la féminité », dont la
représentation de la sexualité est un élément cardinal et son
contrôle un acte politique. En dépit de l'accueil scandalisé
d'un certain *establishment* masculin, ces idées progressent
non seulement dans les milieux académiques mais également parmi les militantes de la cause féministe. Elles contribuent à façonner les revendications du féminisme des
années 1960, dont la question sexuelle sera l'une des dimensions centrales. Les revendications touchent à la contraception, à l'IVG, au planning familial et s'étendent ensuite à la
critique de la double morale de la sexualité qui valorise les
hommes qui ont beaucoup de partenaires et stigmatise les

femmes qui font de même. Toute une réflexion, partant des mouvements féministes, s'engage sur l'identité sexuelle féminine et sur la façon dont le système patriarcal l'a contrainte dans un carcan depuis des siècles.

Sexualité
et résistances féministes

Le féminisme des années 1960, dit « de la deuxième vague », intègre donc pleinement la question de la sexualité dans ses réflexions et ses revendications, et ce mouvement se prolonge dans une remise en question de l'hétérosexualité comme norme. Les féministes intègrent de plus en plus l'idée de la construction sociale et historique de la sexualité comme domaine de contrôle de l'État patriarcal. Débute ainsi une période de déconstruction des notions jusqu'ici communément admises de la sexualité, à laquelle participent autant des féministes que des homosexuel-le-s militant-e-s, et qui bousculera les bastions naturalistes et moralistes. La pensée savante (médicale, psychiatrique, sexologique ou psychanalytique) n'échappe pas à cette révision fondamentale. Les féministes s'en donnent à cœur joie dans la critique des conceptions freudiennes de la sexualité féminine et de la sexologie, sciences accusées de contribuer au maintien du système patriarcal. Il faut dire que Freud concevait la sexualité féminine uniquement par rapport à son référent masculin et non de manière autonome. En effet, selon sa théorie, le développement sexuel des femmes suit une logique androcentrée qui résout l'envie du pénis par l'accouchement d'un enfant et distingue l'orgasme clitoridien de l'orgasme vaginal, ce dernier étant considéré comme la preuve de l'évolution de la femme vers la maturité sexuelle. Le corollaire de ce parcours qui va de l'enfance vers la maturité est que l'homosexualité féminine, que Freud caractérise par une sexualité qui s'est « arrêtée » au stade clitoridien, est la conséquence d'une fixation au stade infantile. Face à un récit du développement sexuel des femmes aussi réducteur, on peut comprendre que les féministes aient cherché à « récupérer » une parole et des pratiques sexuelles autonomes.

Anne Koedt, fondatrice du mouvement féministe radical à New York, déconstruit ce qu'elle appelle « Le mythe de l'orgasme vaginal » dans un texte écrit en 1968 et publié en français dans la revue *Partisans* sous le titre « Libération des femmes. Année zéro » (re-publié par la revue *Nouvelles questions féministes* en 2010). Elle y dénonce l'ignorance largement répandue sur l'anatomie et le plaisir féminins et montre les liens entre une conception patriarcale des rapports sociaux et la sexologie, à commencer par la théorie freudienne. Koedt cite à plusieurs reprises les rapports d'Alfred Kinsey, considéré par les historien-ne-s de la sexologie comme le fondateur de la sexologie moderne (Chaperon 2002b). En prenant pour objet d'étude le plaisir, Kinsey brosse un tableau des pratiques sexuelles des Américain-e-s sans pour autant s'engager dans la discussion morale ou médicale qui caractérisait les travaux de ses prédécesseur-e-s[6]. À travers ses enquêtes, on découvre que les comportements sexuels des personnes interrogées sont très différents du modèle de la monogamie hétérosexuelle et surtout que certaines pratiques condamnées soit par le droit, soit par la morale, sont amplement répandues. Selon Chaperon, les polémiques soulevées par ces deux rapports sont d'autant plus aiguës lors de la publication du rapport sur la sexualité féminine car « *Kinsey en effet s'attaque de front aux conceptions psychanalytiques de la sexualité féminine* » (2002b, p. 103). En particulier, il considère la sexualité comme une construction sociale et non comme un développement « naturel » très différencié selon le sexe. La conception de l'homosexualité en sera également profondément changée, passant d'une pathologie à un comportement sexuel se trouvant sur un continuum entre l'hétérosexualité exclusive et l'homosexualité exclusive, la majorité des personnes interrogées se trouvant entre ces deux pôles.

Ainsi, par l'effet conjugué des idées forgées par des savant-e-s, des militant-e-s et des pratiques politiques de contestation, les féministes ont réussi à politiser ce qui paraissait relever jadis de la nature. Le slogan féministe « Notre corps nous appartient » ne fait pas référence uniquement à la maternité voulue et à la contraception, mais englobe l'ensemble des questions sexuelles : le plaisir au féminin, le pouvoir de la médecine sur le corps des femmes, l'utilisation du corps des femmes à des fins marchandes, la relation entre patriarcat et (hétéro)-sexualité, etc. Il paraît difficile de distinguer lesquels de ces milieux ont été les plus influents et il faut également souligner que bien souvent il n'y a pas de barrière étanche entre les un-e-s et les autres. Ces deux mondes se rencontrent, s'entremêlent et la production d'un savoir nouveau se fait par l'imbrication des espaces scientifique et militant. Grâce aux travaux de savant-e-s et aux mouvements féministes, la notion de sexualité comme comportement « naturel », mu par des instincts, perd de sa pertinence et s'éloigne peu à peu de la nature pour entrer dans la culture, dans l'histoire, dans le social, dans le politique. Les féministes, avec leur slogan « le privé est politique », voulaient montrer que ce qui paraissait appartenir à la sphère du privé, à celle de l'intime, était traversé par des rapports de pouvoir et devait être appréhendé comme une affaire publique. En effet, les interdictions de la contraception, de l'IVG, la politique de la prostitution, le traitement judiciaire du viol, etc., sont enfin lus, grâce aux mouvements féministes, comme des moyens étatiques de peser de différentes manières sur la sexualité des citoyen-ne-s. Non, la sexualité n'était pas affaire de nature et de privé, mais affaire publique.

Sexualité et domination :
le féminisme est-il compatible
avec l'hétérosexualité ?

La sexualité ainsi politisée va être un sujet de profonde controverse quant à son statut dans le système patriarcal : est-elle au fondement de la domination comme Kate Millet l'avait écrit en 1970 (Millet 1970) ? Est-elle un moyen de subvertir le patriarcat si sa pratique sort des schémas qu'il impose ? Dès la fin des années 1970 et le début des années 1980, des voix féministes s'élèvent pour remettre en question l'idée que la sexualité « libérée » représente un gain d'autonomie pour les femmes. La progressive sexualisation (ou érotisation) des rapports sociaux, accentuée par la montée de l'individualisme, de la société de l'image et de l'idéologie de l'épanouissement sexuel à tout prix n'a-t-elle pas contribué à construire une nouvelle servitude pour les femmes ? Des féministes académiques engagées comme Catharine MacKinnon (1997) considèrent que la sexualité hétérosexuelle, qui désormais s'étale largement dans la culture populaire sous couvert d'une prétendue « libération sexuelle », réitère la domination des hommes sur les femmes. Elle constitue une « érotisation de la soumission » qui est vue comme une dynamique fondamentale du désir hétérosexuel. En somme, la sexualité « libérée » ne peut être envisagée comme telle dans une société dominée par le système patriarcal. La pornographie serait la forme la plus extrême de cette mise en scène des rapports de pouvoir entre sexes. Désormais rapidement et facilement atteignable sur la toile, la pornographie propose une image des femmes disponibles aux regards des hommes et à leurs fantasmes, une mise en scène érotisée de la domination consentante. Comment résoudre l'équation qui consiste à refuser un retour à la morale sexuelle tout en contournant l'instrumentalisation de la « sexualité libérée des femmes » à des fins de domination ?

Certaines féministes pensent que la solution réside dans une pornographie produite par des femmes, du point de vue des femmes et pour des femmes.

Sur la question de la prostitution également, des divergences existent au sein des mouvements féministes qui prônent soit une interdiction totale et une pénalisation des consommateurs, soit une réglementation de cette activité. La question demeure de savoir quelle est la meilleure façon de vivre une sexualité « libérée » et une conscience de son rôle dans les rapports de pouvoir.

Pour les féministes lesbiennes radicales, la seule manière d'atteindre une sexualité vraiment libérée du sexisme est l'homosexualité. Il est un fait qu'une grande partie des membres du MLF était lesbienne et que la cause des femmes a été soutenue et portée en grande partie par des lesbiennes. En somme, les lesbiennes ont milité pour des causes qui ne les touchaient pas de près comme la contraception, mais n'ont pas toujours obtenu de la part des féministes hétérosexuelles une attention et une reconnaissance des questions qui leur étaient propres. Au départ, il y a alliance objective avec le FHAR (Front homosexuel d'action révolutionnaire, mouvement qui au début est composé en majorité par des lesbiennes) qui défile le 1er mai 1971 derrière le Mouvement de libération des femmes (Chauvin 2005). Mais rapidement des fissures se créent autour de la question de l'hétérosexualité féminine comme une forme de « collaboration avec le patriarcat »[7] et du lesbianisme comme résistance à l'oppression de genre (Rich et *alii*, 2003). Le mouvement de dé-naturalisation de la sexualité qui s'est opéré tout au long du xxe siècle va déboucher sur une mise en cause du « choix politique » que constitue l'hétérosexualité et de son caractère problématique pour les féministes. Puisque l'orientation sexuelle n'est pas naturelle, pourquoi ne pas pousser la lutte jusqu'au bout et refuser l'intimité avec son oppresseur ? Quel est l'acte de subversion le plus efficace contre l'ordre établi, contre le patriarcat dont l'hétéronormativité est l'un des éléments centraux, sinon le lesbianisme ? C'est autour de ces questions que les chemins des mouvements féministes et des mouvements lesbiens vont peu à peu se séparer[8] et que les mouvements homosexuels vont orienter leurs thématiques et leurs luttes vers des domaines qui leur sont propres.

Mouvements homosexuels : la marge et le centre

Comme l'écrit Fassin (2005), la question aujourd'hui n'est plus « Comment peut-on être homosexuel ? », mais : « Comment peut-on être homophobe ? ». Cette phrase, en dépit de son optimisme farouche au vu des réalités vécues par les homosexuel-le-s, résume le virage radical qu'ont pris les conceptions de l'homosexualité et les luttes politiques durant le XXe et au début du XXIe siècle. Les homosexuel-le-s avaient longtemps été considéré-e-s comme des déviant-e-s[9], objets soit de répression, soit de pathologisation, soit d'amusement, dans l'idée que l'hétérosexualité était l'orientation sexuelle qui allait de soi (normale). Dès le XIXe siècle, les choses du sexe deviennent un enjeu de savoir ou un enjeu de vérité (de connaissance), et non seulement une pratique du plaisir plus ou moins tolérée ou réprimée par la loi ou la morale (Foucault 1976). Notamment, la « sexualité homosexuelle » va être placée sous le regard médical pour en découvrir l'origine, les manifestations et éventuellement être soignée. D'éminents psychiatres du XIXe siècle, comme Krafft-Ebing ou Havelock Ellis, produiront une taxinomie détaillée des perversions sexuelles dont l'homosexualité fera partie jusqu'en 1993.

Bien qu'au début du XXe siècle des voix, telles que celle de Magnus Hirschfeld, s'élèvent en faveur de

la dépathologisation et de la dépénalisation de l'homosexualité, le véritable militantisme homosexuel politisé ne débute,
comme le féminisme de la « seconde vague », qu'à la fin des
années 1960. Les contestations sociales du patriarcat
concernent également l'homophobie qui plonge ses racines
dans l'idée que la virilité des hommes et la féminité des
femmes impliquent l'hétérosexualité. Des associations d'homosexuel-le-s et des lieux de vie homosexuelle ont toujours
existé, mais l'homosexualité n'était pas revendiquée comme
un choix politique. Désormais, « *les questions posées depuis
les marges interrogent l'ordre sexuel dans son ensemble* »
(Fassin 2005, p. 14) et la question ne porte plus sur l'homosexualité en tant que déviance, mais sur l'homophobie en
tant que produit d'une société hétérocentrée. C'est ainsi
que ce que l'auteur appelle « *L'inversion de la question
homosexuelle* » s'opère dans les esprits des homosexuel-le-s
elles-mêmes et eux-mêmes et de leurs actions militantes
qui désormais ne visent pas uniquement à obtenir une tolérance bienveillante, mais interrogent les processus de marginalisation, faisant de la reconnaissance politique une
revendication centrale.

En France, on passe ainsi d'Arcadie, asso-
ciation homophile prônant la discrétion et la normalisation, au
FHAR, mouvement révolutionnaire qui remet en cause l'hétéronormativité de la société[10] (Jackson 2009). Aux États-Unis,
les émeutes de Stonewall en 1969 marquent la révolte des
homosexuel-le-s contre l'oppression et initient ce qui sera la
fierté gay *(Gay Pride)* qui est célébrée chaque année à travers
le monde[11]. Les modifications des conceptions de la sexualité, notamment sa dénaturalisation, sa dépénalisation, sa
démoralisation, vont de pair avec une parole publique de
plus en plus forte portée par les mouvements gays et lesbiens. Mais le militantisme joyeux et débridé accompagné
d'une sexualité libérée est stoppé par l'apparition dans les

années 1980 de l'épidémie du sida qui frappe durement la communauté gay. Face à l'attitude des pouvoirs publics qui oscille entre la négligence et le discours moralisateur, le mouvement homosexuel trouve une force d'action nouvelle. La communauté gay se regroupe pour se protéger d'une homophobie manifeste ou latente qui voit dans cette maladie soit la preuve de son caractère « contre nature », soit une punition divine. De cette tragédie sont nés des mouvements ou associations qui produisent un travail d'aide aux malades et à leur entourage et qui s'engagent politiquement en faveur des droits des homosexuel-le-s[12] (Pinell 2002).

À partir de cette mobilisation autour du sida et de la prise de conscience du manque de protection légale dont souffrent les homosexuel-le-s, d'autres revendications voient le jour et aboutissent, par exemple, au vote du Pacs. L'adoption de ce partenariat ne s'est pas faite sans discussions houleuses, durant lesquelles toutes sortes d'expert-e-s ont défendu un certain ordre social. Les débats se sont d'abord heurtés au « mur de la psychanalyse » et à « l'Ordre Symbolique » : le Pacs allait bousculer une sorte de loi immuable[13] qu'il s'agissait d'appliquer et non d'interroger. Ordre symbolique contre démocratie et droits de l'homme, tels étaient les termes du débats sur le Pacs (Borrillo et *alii.*, 1999 ; Fassin 2005). Malgré cela, la loi sur le Pacs est adoptée en France en 1999. D'autres questions, comme celle du mariage homosexuel et de l'homoparentalité, demeurent controversées. Les pierres d'achoppement sont particulièrement visibles à propos de l'homoparentalité dont l'existence, la reconnaissance et la facilitation se heurtent à des résistances farouches, tant chez les politicien-ne-s que parmi les expert-e-s.

On peut se demander si ces nouvelles revendications relèvent d'une sorte de « normalisation » de l'homosexualité ou d'une nouvelle transgression. Sommes-nous dans un processus d'abandon d'un point de vue politique qui consiste à questionner l'hétéronormativité par la pratique d'une sexualité différente ? Sommes-nous au contraire, avec les revendications du Pacs, du mariage et de l'homoparentalité, dans une forme de subversion plus profonde des normes sociales ? On ne peut donner de réponse définitive à ces questions qui demeurent des sujets de discussion très vifs au sein même des communautés gays et lesbiennes.

Pour conclure, revenons à la question posée en titre de ce chapitre. Oui, le féminisme a contribué de manière déterminante à la redéfinition des sexualités, principalement par la politisation de ces questions. Considérer l'intimité, le corps, le plaisir comme des questions politiques a été un pas crucial pour repenser ces pratiques, pour déconstruire la manière dont elles sont profondément marquées par les rapports de pouvoir. Sortir la sexualité du privé, la dénaturaliser, a été, comme pour d'autres catégories, à commencer par celle de femme ou d'homme, un mouvement politique qui a contribué à repenser les rapports entre ce que l'on considérait comme la vie privée et la vie publique. Dès que l'on peut montrer le caractère social de ce qui est présenté comme « fait naturel », on libère la parole et l'action politiques. L'une des stratégies politiques qui visent le *statu quo* consiste en effet à le fonder dans « la nature » pour le justifier. Si nous sommes certes loin d'un consensus sur des sujets tels que la prostitution, la pornographie, l'homoparentalité ou le pouvoir politique de la sexualité, ces nombreuses controverses montrent que le débat est désormais ouvert et que les lignes se déplacent constamment.

Un fém
« décol
est-il po

Un féminisme
« décolonial »
est-il possible ?

Iulia Hasdeu

De 1810 à 1815, Saartjie Baartman, femme *khoisan* originaire de la colonie du Cap en Afrique du Sud, fut montrée nue dans les salons, les foires et les cabinets de curiosités de Londres et Paris. Après sa mort, l'anatomiste français Georges Cuvier présenta ses organes génitaux et son cerveau dans des bocaux de formol devant l'assemblée de l'Académie royale de médecine, afin de prouver l'infériorité des « Noirs » et leur proximité avec les animaux. Le Musée de l'Homme hérita du moulage du corps, des bocaux et du squelette préparés par Cuvier. Ils y furent exposés au grand public jusqu'en 1974. La vie européenne de Saartjie, surnommée avec ironie la « Vénus hottentote »[14], est retracée dans un long-métrage de fiction produit récemment[15]. Il donne à voir l'angoisse et le dégoût qu'a pu inspirer à cette femme le fait d'être confrontée au regard curieux et concupiscent des spectateurs de son corps donné en spectacle. Face à l'écran, on se découvre soi-même en prise honteuse avec ce voyeurisme envers un corps féminin noir exotisé, érotisé, bestialisé. En présentant sa rencontre avec Cuvier, le film nous renvoie à la carrière *post-mortem* de cette femme noire en tant qu'objet de la pensée scientifique et politique française.

Étonnamment, les critiques du film, aussi bien que les médias commentant l'inhumation des restes de Saartjie restitués par la France à l'Afrique du Sud en 2002, s'ils dénoncent le racisme subi par la *Vénus noire,* ne font presque jamais mention du regard et du traitement essentiellement masculins de son corps. Cette occultation du sexisme se retrouve dans les débats de la commission qui a examiné la proposition de loi autorisant cette restitution, ainsi que dans le texte de loi adopté. Dans ce dernier, on parle de « la personne connue sous le nom de Saartjie Baartman » et non de la femme. Nous interrogerons ici les raisons de ce silence. Plus généralement, nous posons la question de savoir pourquoi des femmes de pays (dé-)colonisés, telles que Saartjie Baartman, sont si communément transformées en curiosités, en distractions, en supports des fantasmes sexuels des Blancs. Qu'ont fait les féministes pour dénoncer et contester ce rapport avec la féminité et les femmes d'ailleurs ? Pour répondre à ces questions, nous nous pencherons dans ce chapitre sur la pensée de l'Autre telle qu'elle s'est forgée dans l'esprit de la modernité européenne, pour ensuite retracer ses effets politiques jusqu'à nos jours.

Penser l'Autre – le modèle colonial de la « Vénus hottentote »

L'idée de Jean-Jacques Rousseau, selon laquelle l'humain s'enracinerait dans la nature pour mieux s'en détacher grâce au contrat social, a comme corollaire le mythe du « bon sauvage ». C'est la proximité avec la Nature qui conférerait à l'être humain la morale « la plus vraie », la démocratie étant la meilleure façon de reconnaître et retrouver la loi de la Nature. Cette idée se conjugue tout au long du XIXe siècle avec la pensée orientaliste dans les arts et la littérature, ainsi qu'avec l'évolutionnisme qui régit les sciences naissantes, pour reléguer le non-Européen à une altérité radicale. Ce dernier est représenté sous les figures du « sauvage » ou du « primitif ». Cependant, dans l'imaginaire colonial, cette altérité est sous-tendue par une ambivalence : d'une part elle fascine et exerce une attraction exotique ; d'autre part elle suscite le mépris et est reléguée à l'infériorité intellectuelle, physique et morale.

La différence civilisé/sauvage (le second terme étant souvent rapporté à l'animalité) s'articule avec la différence des sexes. Ainsi, depuis le temps des grands explorateurs jusqu'aux aventures romancées et aux publicités d'aujourd'hui, les images stéréotypées de l'Autre sexué sont constitutives de nos représentations des habitant-e-s

des territoires colonisés. Cela prend soit la forme du canni-
bale masculin, féroce, viril, aux côtés de la *vahiné*[16] douce,
accueillante, souriante, seins nus et collier d'orchidées, soit,
à l'opposé, celle de la femme noire phallique mangeuse
d'hommes ou sorcière face à un homme noir docile et dévi-
rilisé. Ces représentations doivent être replacées dans le
contexte d'une société européenne qui conçoit la sexualité
par le prisme de la morale puritaine. Jusqu'à l'avènement de
la psychanalyse au tournant du xxe siècle, les médecins et les
criminologues reproduisent cette morale en décrivant et en
analysant la sexualité non pas chez soi, mais chez les
« autres », les classes populaires ou les « sauvages ».

Dans ce cadre de pensée colonialiste, le
mythe du bon sauvage est ainsi décliné sous la forme de l'attirance sexuelle des hommes blancs (explorateurs, adminis-
trateurs, scientifiques, propriétaires d'esclaves) pour les
femmes indigènes. D'autre part, au xixe siècle, « le sauvage »
et « la femme » vont être pensé-e-s ensemble, avec pour
effet de justifier leur subordination à l'homme blanc.
Anatomistes, psychologues et philosophes sont convain-
cus que les femmes s'apparentent aux enfants et aux sauvages sur le plan de l'intelligence, la preuve de cette
infériorité étant recherchée dans les dimensions du cerveau, les formes du visage, du nez, des lèvres, etc. On pense
que l'enfance de l'humanité superpose ainsi le pouvoir des
femmes et le stade primitif de l'évolution, certains juristes et
anthropologues élaborant alors l'idée d'un matriarcat primitif qui aurait précédé l'organisation patriarcale des sociétés.
Au milieu du xixe siècle, cette pensée évolutionniste se situe
au cœur de la politique de construction de la Nation, enten-
due comme un pouvoir colonial qui a besoin de sélection-
ner, trier, diviser et hiérarchiser ses sujets pour mieux les
contrôler. Au tournant du xxe siècle, le corps sexué de l'Autre
commence à faire l'objet de théories raciales se voulant

objectives et mobilisant critères et mesures pour effectuer des distinctions, des classifications et des hiérarchies entre les humains.

Par le développement des moyens de communication et de diffusion, cet imaginaire de la figure de l'Autre se diffuse progressivement des milieux scientifiques vers la pensée populaire. Ce corps est ainsi mis en scène dans les villages « nègres » ou « indiens », véritables zoos humains (Bancel et *alii.*, 2002), et dans les expositions coloniales des grandes villes européennes et nord-américaines. Il devient tour à tour modèle pour des peintures classiques ou modernistes ainsi que pour des photos de studio ou des cartes postales, objet de collection muséale (comme les parties génitales de Saartjie). Sous les traits de la prostituée ou de la paysanne illettrée, on figure des femmes « féminines », sujettes par excellence de l'exploitation sexuelle. Le cas de la « Vénus hottentote » est hautement significatif à cet égard.

Dans les années 1920, Joséphine Baker, chanteuse et danseuse métisse (noire américaine et amérindienne) à grand succès, se montrait sur scène seins nus et taille entourée de bananes, accompagnée de léopards. Sa figure illustre parfaitement ce dispositif du divertissement populaire où exotisme, érotisme et esthétique se mélangent dans une pensée marquée par l'institutionnalisation des sciences. Une vision réformiste de la sexualité (largement alimentée par le développement de la psychanalyse parmi les élites européennes et états-uniennes) est contemporaine de cette nouvelle visibilité des corps sexués, aussi bien que d'une nouvelle esthétique impliquant la séduction. Il est néanmoins intéressant de signaler que ce type de scénographie renoue sans cesse avec le mythe du bon sauvage des Lumières. On y exacerbe davantage la sexualité des femmes et on y dévirilise toujours les hommes, en effaçant les femmes et les hommes réel-le-s. Le voyeurisme du spectateur permet dès lors le fantasme d'une union sexuelle avec le corps de l'Autre, pour mieux s'en séparer sur le plan moral, légal et politique. Autrement dit, le dispositif artistique et divertissant du voyeurisme permet de s'approprier un corps idéal pour mieux mettre à distance le corps réel, physique et social. Qui plus est, cet imaginaire se retrouve dans la culture de masse de nos jours, où le corps noir sexué est exposé comme vedette médiatique dans les arènes planétaires du sport.

Cette pensée ne s'actualise pas que dans des images, mais également dans des textes littéraires et dans les récits de voyage, alimentant au xixe siècle la constitution de la géographie et de l'anthropologie comme disciplines scientifiques. En 1978, dans son livre *Orientalism*, le spécialiste en littérature comparée d'origine palestinienne, Edward Said, montre que l'Orient est construit systématiquement par le discours de l'Occident comme une figure de contraste, servant ainsi à renforcer une image de soi flatteuse et à établir une hiérarchie rigide « Nous/Eux », toujours réifiée. Prolongeant la tradition humaniste des Lumières et le mythe du bon sauvage, les écrivains et les scientifiques du xixe siècle (Flaubert, Nerval, Conrad, etc.) assurent sa légitimité à l'objet « Orient ». L'image européenne de la féminité y est imbriquée : cet Orient est dès lors féminisé, érotisé, esthétisé, fantasmé pour être relégué à une infériorité. On y projette les représentations occidentales traditionnelles de la fécondité, tout comme celles de la figure de la « femme fatale » (Cléopâtre, Salomé, Isis) associée à la fascination pour le macabre et l'occulte. Ce discours, très influent dans la politique occidentale envers les pays non-européens, laisse dans l'impensé l'historicité des cultures orientales, la réalité des vies des femmes et des hommes d'Orient. Celles-ci et ceux-ci ne sont jamais représenté-e-s comme sujets de leurs existences, mais comme objets d'une lecture coloniale qui les prive de leur subjectivité.

La politique des corps
féminins colonisés

L'instrumentalisation du corps sexué de l'Autre n'est pas l'apanage des seuls peintres, écrivains, voyageurs ou missionnaires. Elle reçoit un sens nouveau en tant qu'objet des politiques étatiques.

Si l'on considère la politisation de la fonction reproductive des femmes, on peut facilement observer que les États esclavagistes ou coloniaux d'une part, et les régimes nationalistes totalitaires d'autre part, mettent le ventre des femmes au service d'un intérêt spécifique de la Nation racialisée. Dans le premier cas, cela assure la production d'une main-d'œuvre bon marché pour une économie blanche. Dans le deuxième cas, l'épuration ethnique et raciale a pour fonction de produire des *fils* de la Nation dans les ventres indigènes et d'éradiquer les ventres des « autres » (Juifs, Tsiganes, Musulmans de Bosnie) par stérilisations forcées, viols, extermination. La Nation est ainsi la « matrice de la race » (Dorlin 2006).

Le corollaire sexiste de cette politique nationaliste et impérialiste réside dans le fait que la colonisation moderne prétend souvent sauver les corps des femmes colonisées. C'est une forme du regard condescendant que l'on pose sur l'Autre. Poursuivant la réflexion de Said, Gayatri Chakravorty Spivak, intellectuelle d'origine indienne, donne à ce propos un exemple historique qui demeure néanmoins d'une grande actualité dans son mécanisme. En 1829, l'administration coloniale britannique abolit le rite hindou d'auto-immolation de la veuve. Cet acte a été interprété par les Britanniques comme la preuve que « les hommes blancs cherch[ent] à sauver les femmes de couleur des hommes de couleur » (Spivak 1988/2006, p. 95). Du côté des hommes politiques indiens, cette loi s'oppose à la tradition : « ces femmes veulent elles-mêmes mourir ». D'un point de vue féministe, même s'il ne faut pas les confondre pour autant, les deux arguments se rangent dans le même camp et s'opposent à ce que ces femmes soient réellement écoutées. C'est dans ce sens que Spivak pose la question rhétorique : « *Les subalternes peuvent-elles parler ?* ».

La remarque de Spivak ne concerne pas uniquement le passé colonial d'une Nation particulière, mais également toute rencontre entre des sociétés démocratiques refondées après la deuxième guerre mondiale, en théorie respectueuses des droits et libertés fondamentales, et des cultures particulières. Les femmes *des Autres* apparaissent comme silencieuses, cibles des politiques faites *pour* elles et non *avec* elles. Ainsi, la guerre en Afghanistan, qui suivit les événements du 11 septembre 2001, brandissait l'étendard de la libération des femmes afghanes des oppresseurs talibans, femmes qui jusque-là n'avaient pas intéressé les démocraties occidentales. Utilisées comme alibi pour conférer une légitimité morale à la guerre et faire croire à la mission civilisatrice de l'Occident, les femmes afghanes disparaissaient ainsi sous une deuxième *burqa*.

Par ailleurs, bien que l'intensification des voyages et de la mobilité ait entraîné un désenchantement de l'exotisme, l'Autre reste néanmoins « Étranger ». Il s'agit alors d'un « Étranger » de l'intérieur, appréhendé au travers de catégories telles qu'« immigrés », « descendants d'immigrés » ou « allochtones » qui s'opposent aux individus « de souche » ou « autochtones » dont l'ascendance s'enracinerait dans le territoire national. Dans ce nouvel ordre mondial, une catégorie des citoyen-ne-s de seconde zone s'oppose à une nouvelle société de cour dans le cadre d'une république aristocratique (Guénif-Souilamas 2006). Pour le cas de la France, prise entre obsession de la laïcité et peur du communautarisme, le sexisme et le racisme se déclinent conjointement dans la stigmatisation des « musulmans »,

notamment par l'interdiction du port du voile dans les établis-
sements scolaires[17] et par l'entrée-alibi des femmes « issues
de la diversité » au gouvernement en 2007[18].

À ce propos, on peut observer que le récent
débat français sur l'identité nationale, de même que l'inclu-
sion progressive des règles démocratiques concernant la
question du genre dans la sphère publique républicaine
(parité, Pacs) sont allés de pair pour stigmatiser davantage
le genre des « autres » et ainsi les tenir à l'écart de la citoyenneté (Fassin 2006a). En témoigne l'exclusion de l'espace
public des femmes voilées[19], ainsi que la médiatisation de la
violence des jeunes hommes « d'origine immigrée » dans les
banlieues. On assiste en France, tout comme en Allemagne,
aux Pays-Bas ou au Danemark, à la mise en application de la
« démocratie sexuelle » à travers différents dispositifs administratifs et juridiques : lois qui régulent par limitation le
regroupement familial des immigré-e-s ou le choix du
conjoint ou de la conjointe à l'étranger, vérifications des couples en vue de détecter des mariages blancs, questionnaires
d'admission sur le territoire qui « testent » l'aptitude à l'intégration en lien avec l'attitude concernant l'homosexualité, le
statut des femmes, etc. (Fassin 2010). Ces mesures procè-
dent d'un nouvel outillage normatif visant à faire le tri entre
celles et ceux qui auraient accompli l'égalité des sexes –
« nous » – et celles et ceux qui ne l'auraient pas encore réalisée ou n'en seraient pas capables – « eux ». De surcroît,
cette dernière catégorie apparaît clivée selon le genre, tout
comme dans les anciens récits de voyage, entre hommes vio-
lents et femmes victimes de mariages forcés, de prostitution, d'excision, etc.

En somme, malgré le relativisme culturel
prôné par l'anthropologie culturelle et sociale, modèle qui est
venu rompre radicalement avec le modèle évolutionniste
de la société, les sociétés occidentales se trouvent encore

aujourd'hui dans un rapport colonial à l'altérité qui se réper-
cute avec force sur les femmes « autres ».

Ironiquement, si d'une part les politiques
officielles des États occidentaux traitent ces femmes comme
victimes, elles laissent d'autre part sciemment le capitalisme
mondialisé s'appuyer sur leur force de travail sous-payé,
dévalorisé, non-protégé. Les secteurs informels de l'économie tels que l'économie domestique et le travail du sexe
embauchent massivement une force de travail féminine exo-
gène, dont la mobilité du Sud vers le Nord, de l'Est vers
l'Ouest, montre bien que ces rapports de force néocolo-
niaux sont intrinsèques au capitalisme mondialisé. Par ailleurs, dans les pays anciennement coloniaux et/ou
esclavagistes, on voit une surreprésentation des femmes de
couleur dans les emplois sous-qualifiés, mal rémunérés, précaires, dont le contenu est constitué de tâches sales, invisibles et lourdes tels que les soins aux malades et aux
personnes âgées dans les maisons de retraite, le nettoyage,
l'élevage des enfants, etc. Seule une analyse qui croise l'appartenance de classe, de race/ethnicité et de genre, peut
rendre compte des discriminations multiples subies par ces
femmes. En proposant le concept d'*intersectionnalité*, la
juriste noire américaine Kimberlé W. Crenshaw (1994) propose précisément de prendre en compte simultanément
ces différents vecteurs de l'oppression[20].

Une réponse féministe

Nous retrouvons également le schéma
colonial de la « Vénus hottentote » dans une partie importante du discours et de l'analyse féministes. À la fin des
années 1970, des féministes noires des États-Unis, telles
qu'Angela Davis, bell hooks, Audre Lorde, Toni Morrison,
contestent publiquement le féminisme du *Mouvement de
libération des femmes* comme issu des classes moyennes

supérieures et basé sur un privilège racial et de classe sociale aisée. Elles accusent les féministes blanches de parler pour les autres femmes et en leur nom, alors que c'est bien ce même type de rapport que ces dernières dénoncent dans le patriarcat. Ainsi, ces féministes noires américaines réclament une voix propre qui reflète leur expérience de femmes au sein d'une classe dominée, au sein d'une société ayant connu l'esclavage et la ségrégation raciale. Elles ont besoin de dénoncer moins des maris, des pères ou des frères, qu'un système politique raciste, esclavagiste et répressif marqué par l'héritage de la ségrégation raciale et caractérisé par une marginalisation sociale des « Noirs ». Elles doivent cependant le faire en tant que femmes, qu'elles soient épouses, mères, lesbiennes, transsexuelles, etc. En critiquant le féminisme libéral et son modèle individualiste de l'émancipation des femmes, Patricia Hill-Collins, sociologue noire nord-américaine, parle d'une matrice de la domination qui se fait ressentir dans la non-prise en considération par les féministes blanches du modèle de famille afro-américain. Ces dernières ont tendance à mettre l'accent sur la victimisation des femmes noires et à méconnaître leurs résistances (Dorlin 2008). Dans le sillage du *Black feminism*, Chandra Talpade Mohanty, féministe américaine d'origine indienne, montre que les féministes occidentales utilisent systématiquement une grille binaire par laquelle elles se positionnent comme dépositaires du mécanisme de l'émancipation et inventent une figure stéréotypée de « la femme » du Tiers-Monde comme ignorante, pauvre, inculte, victime soumise aux lois patriarcales et à la religion (Dorlin 2009).

Pour ce qui est de la France, on observe une difficile percée des études critiques féministes et postcoloniales dans les universités. Les collectifs associatifs soutiennent quant à eux des causes féministes ou antiracistes, mais qui sont rarement articulées entre elles. Par consensus républicain, les sciences sociales prennent rarement comme objet d'étude les violences subies par les femmes d'un groupe culturel spécifique, ce qui a pour effet d'empêcher de penser l'imbrication du sexisme, du racisme, du nationalisme et de l'appartenance de classe dans ces violences (Fassin 2006b). Cet impensé, qui fait l'impasse sur les implications de la colonisation dans la création de citoyen-ne-s de seconde zone, fut évident lorsque les mêmes féministes françaises et les intellectuel-le-s de gauche qui avaient porté la parité à l'agenda politique à partir du milieu des années 1990, se sont érigé-e-s en défenseuses et défenseurs de la laïcité républicaine, condamnant l'oppression des femmes musulmanes par la tradition patriarcale islamique dans l'« affaire du voile » quelques années plus tard[21]. Cette instrumentalisation républicaine de la revendication féministe selon laquelle « le privé est politique », sous la forme d'une dénonciation du sexisme « d'en bas », mettait ainsi le féminisme dans une situation de complicité avec le (néo)colonialisme. Il s'agissait de se légitimer publiquement en tant que féministes par une opération qui, dans le même mouvement, constituait en ennemies inconditionnelles les figures de la « fille voilée » et du « garçon arabe » (Guénif-Souilamas et Macé, 2004).

En réaction à ce féminisme républicain indifférent aux existences concrètes des immigré-e-s ou descendant-e-s d'immigré-e-s, Houria Bouteldja, porte-parole d'origine algérienne du *Mouvement des indigènes de la République*, expliqua en octobre 2010, au 4e congrès international du féminisme islamique à Madrid, qu'un féminisme islamique n'a pas à passer un examen de féminisme. C'est bien le féminisme occidental qui doit passer un examen pour sortir de l'impasse du privilège de la solidarité des femmes blanches. En renouant avec les revendications des féministes noires états-uniennes des années 1970, cette militante considère qu'il faut enfin renoncer à un féminisme universaliste et reconnaître dans un même mouvement la différence des cultures et celle des sexes, aussi bien que le droit de toutes les femmes de s'exprimer, quelles que soient leurs origines. Selon elle, un féminisme « décolonial » signifie tout le contraire de ce féminisme républicain qui s'est fait une priorité d'interpeller les femmes palestiniennes sur leur usage des méthodes contraceptives et qui revient en définitive à faire le jeu d'une république islamophobe.

Peut-on sortir de l'enfermement de classe, de race et d'origine pour formuler *ensemble*, féministes Noires, Blanches, de l'Ouest, de l'Est, du Nord, du Sud, d'« origine immigrée » ou « de souche », « allochtones » ou « autochtones », une critique de la société occidentale dans son assujettissement des autres cultures *et* du patriarcat ? Un féminisme *décolonial* est-il possible ? S'il l'est, quel serait alors son visage ?

Les féministes qui réfléchissent à ces questions, non seulement des deux côtés de l'Atlantique mais dans le monde entier, s'attachent à montrer à quel point sont artificielles les catégories imposées par les structures gouvernementales qui ont été inventoriées ci-dessus. Elles s'efforcent de ne pas les reproduire dans leurs analyses, ni dans leurs luttes. La tâche n'est cependant pas facile. Elles attirent l'attention sur le danger qu'il y a à s'ériger en société égalitaire allant au secours des femmes opprimées non-occidentales. Une telle perspective méconnaît les réalités concrètes vécues par les femmes et les hommes d'autres cultures, la manière dont elles et ils revendiquent des compétences différentes et des modes spécifiques d'autonomie. Cela revient à sacrifier les idéaux féministes au profit d'un rapport paternaliste relevant de l'héritage colonial. Gayatri Spivak pensait que si nous, féministes occidentales, voulons entendre les femmes non-occidentales, il nous faut désapprendre nos privilèges et mesurer les silences et l'amnésie de la répression, deux fondements de la position de dominantes qui nous séparent des femmes du Tiers-monde. Autrement dit :

« Il nous faut en particulier bousculer de fond en comble la prémisse de supériorité occidentale, car celle-ci conduit à deux postures différentes mais également dangereuses. La première consiste à exiger que les "autres femmes" suivent les stratégies développées à partir de notre position, en les empêchant de partir de leur situation propre. [...] L'autre va logiquement de cette présomption de supériorité au postulat que chez nous "les femmes sont mieux loties". » (Delphy 2006, p. 80).

S'agit-il alors de dépasser les ambitions universalistes féministes (droits civiques et politiques pour les femmes, égalité économique entre femmes et hommes, protection contre la violence domestique, etc.) ou faut-il repenser ces revendications dans de nouvelles articulations problématiques ? Dans ce sens, on pourrait revisiter la prémisse des luttes féministes consistant en une solidarité entre femmes et une sororité dans l'oppression telles que le pensaient les féministes de la deuxième vague. En 1986, bell hooks[22], féministe noire américaine, écrivait :

« Les femmes n'ont pas besoin d'éradiquer leurs différences pour se sentir solidaires les unes des autres. Nous n'avons pas besoin d'être toutes victimes d'une même oppression pour toutes nous battre contre l'oppression » (in Dorlin 2008, p. 134).

Il demeure qu'en France, un tel féminisme ne s'affirme publiquement que depuis la deuxième partie des années 2000 (en lien avec les contestations de la loi sur la laïcité). En 2002, quand il s'est agi de créer un cadre légal pour la restitution des dépouilles de la *Vénus hottentote* à l'Afrique du Sud qui les réclamait depuis 1994, une poignée d'hommes discutent un rapport rédigé par un député homme. Ce rapport manque d'épaisseur et de toute perspective de genre sur l'histoire du colonialisme. Il stipule que Saartjie Baartman, « femme, dotée d'attributs sexuels hypertrophiés, de surcroît de race noire et d'une ethnie bien spécifique, dégageait *forcément* un érotisme exotique *irrésistible* et ne pouvait donc échapper en tant qu'objet idéal d'humiliation, à la soumission promise à un être doublement inférieur »[23], rattachant son auteur à la tradition de pensée exposée plus haut.

Pour rattraper ce retard historique, seul un féminisme qui dénonce conjointement le sexisme, le racisme et l'aristocratie méprisante des États démocratiques se cachant derrière des principes tels que « liberté, égalité, fraternité », peut prétendre aujourd'hui fournir une critique du paternalisme viril de la société occidentale dans ses rapports historiques et politiques aux autres sociétés et cultures et offrir un espoir d'alternative féministe qui rompe véritablement avec la pensée coloniale.

5

Le fémi est-il so dans l'i

Le féminisme est-il soluble dans l'individu ?

Laurence Bachmann

La question qui compose le titre de ce chapitre pourrait être *a priori* considérée comme absurde, tant la domination masculine semble davantage modeler les individus que ne le fait le féminisme. En effet, comment voir du « féminisme » dans les corps hypersexualisés de ces adolescentes à la maigreur moulée dans leurs habits, aux visages très maquillés ou, pour celles qui en ont les moyens, aux poitrines remodelées à grands coups de scalpel prodigués par quelque chirurgien-ne esthétique ? Cela, dans un contexte où le marché tire des intérêts économiques de la différence des sexes.

Pour faire suite à ce constat maintes fois étudié, cette contribution vise à montrer que le féminisme se dissout parfois dans les individus, dans la mesure où il les influence, les transforme ou les incite à modifier certains de leurs comportements. Et ceci chez des femmes ou des hommes qui ne sont pas forcément impliqué-e-s dans des luttes féministes ou qui ne se revendiquent pas « féministes »[24]. La subversion du genre a un coût dans un monde encore fortement structuré par les rapports sociaux de sexe. Cela d'autant que le contexte actuel de forte valorisation de l'individu au détriment du collectif encourage les individus à se penser affranchis de tous rapports sociaux. Les femmes sont incitées, dans une perspective essentialiste, à revendiquer leur « féminité », c'est-à-dire à se restreindre aux attributs de la catégorie sociale du féminin, définie socialement comme inférieure à celle du masculin. Ceci retient les femmes de s'identifier au féminisme et de contester politiquement l'ordre de genre (Guénif-Souilamas et Macé, 2004). Le rejet du terme « féministe » est d'autant plus fort que les politiques d'égalité formelle laissent croire que l'égalité entre les sexes est déjà atteinte. Ce terme fortement stigmatisé est considéré comme dépassé. Aux États-Unis par exemple, une étude montre que, bien que la plupart des jeunes femmes s'accordent sur un grand nombre de principes féministes, elles entretiennent un rapport ambivalent à ce terme et plus de la moitié d'entre elles se méfient de cette notion (Aronson 2003). Loin de déplorer que la majorité des femmes ne se considèrent pas « féministes », notre objectif vise ici davantage à montrer que les questions d'égalité et d'autonomie portées par le féminisme peuvent être partiellement assimilées par les femmes et par les hommes et qu'elles exercent ainsi parfois des effets concrets sur elles et eux, sur leurs pratiques quotidiennes et sur leur environnement.

Pour saisir la manière dont le féminisme empreint les individus, il nous faut revenir sur quelques phénomènes concomitants qui émergent à partir des années 1960. Ces phénomènes se nourrissent mutuellement, entraînant ainsi des transformations sociohistoriques importantes pour la société occidentale.

La deuxième vague du féminisme des années 1970 revendique des droits dans différents domaines sociaux. Ce mouvement actualise l'une des revendications du féminisme du XIXe siècle, à savoir « l'individualisation du sujet démocratique et économique, de la citoyenne et de la travailleuse, mais il ajoute avec force la question de l'autonomisation de la sexualité féminine » (Fougeyrollas-Schwebel 2000, p. 127). En cela, le mouvement féministe « s'attache bien davantage à l'autonomie du sujet-femme, dans ses choix existentiels de tous ordres, professionnels et amoureux, dans un contexte scientifique renouvelé, notamment quant à la reproduction humaine » (Perrot 2004, p. 11). Les questions de la subjectivité sont au cœur des mouvements féministes. Les femmes s'inscrivant dans ces mouvements s'appuient sur les aspirations des Lumières et revendiquent que chaque femme, en tant qu'individu-sujet, prenne la parole en son nom et pense par elle-même. Les groupes de parole non-mixtes constituent par ailleurs à cette époque un moyen de mise en œuvre de ces revendications : ils donnent l'occasion aux femmes de s'exprimer et de prendre conscience de certains aspects de leur oppression sans craindre d'être jugées ou contrôlées par des hommes.

Des revendications en concordance avec les aspirations d'une époque

Le mouvement des femmes est d'autant plus percutant qu'il s'inscrit dans la mouvance d'une intensification de l'idéal démocratique moderne d'égalité et d'autonomie dès la fin des années 1960. La nouvelle morale d'émancipation qui émerge à cette période se base en partie sur « la démocratisation de valeurs et de comportements typiques des hautes bourgeoisies et des milieux artistiques » (Chauvel 2006, p. 33). Soutenue par le droit, cette morale place l'individu au centre et met l'accent sur la reconnaissance de sa subjectivité, la liberté personnelle et l'hédonisme.

L'idéal démocratique n'est toutefois pas réparti de manière homogène dans les différents milieux sociaux ; il est porté de manière prototypique par les nouvelles couches moyennes qui émergent à partir des années 1960-1970 (Bourdieu 1979 ; Lenoir 1985). La montée de ce milieu trouve son impulsion, d'une part, dans la tertiarisation de l'économie qui entraîne l'entrée massive des femmes sur le marché du travail et, d'autre part, dans la « démocratisation » des études supérieures qui permet l'accès massif des jeunes femmes de la bourgeoisie à l'enseignement supérieur. Les personnes appartenant à ce milieu ont pour point commun le fait que leur position sociale dépend essentiellement de leur capital scolaire, caractérisé par un niveau de formation universitaire ou para-universitaire acquis par une formation initiale ou continue. Ces personnes sont salariées et occupent des emplois liés à l'enseignement, à la culture, aux médias, à la communication ou au social. Les valeurs centrées sur l'individu, qui émergent à partir des années 1960, sont d'autant plus fortes dans ce milieu, communément appelé aujourd'hui les classes moyennes à fort capital culturel, que ses membres, contrairement à celles et ceux de la grande bourgeoisie, ne possèdent pas de patrimoine héréditaire, mais doivent le construire. Elles et ils valorisent dès lors fortement le principe méritocratique.

La position spécifique qu'occupent les membres des nouvelles couches moyennes, proche des personnes des couches dominées mais aussi de celles détenant du pouvoir par leur insertion dans les institutions, les dispose à la critique. Les personnes appartenant à ce milieu aspirent à avoir une emprise sur le cours de l'existence et à influencer le changement social. Plus sensibilisées à l'idéal démocratique et disposées à le mettre en œuvre, elles sont les plus nombreuses à s'engager dans les mouvements sociaux. Les femmes impliquées dans les mouvements féministes des années 1960-1970 sont ainsi majoritairement issues de ce milieu. Les valeurs individualistes d'émancipation portées par les nouvelles couches moyennes s'accordent avec celles des mouvements féministes. Tendanciellement, les personnes de ces milieux intègrent l'ensemble des valeurs en faveur des femmes ; elles sont les plus ouvertes en matière d'avortement, de pilule contraceptive, de scolarisation supérieure et de travail professionnel des femmes ou d'heure de sortie des jeunes filles (Lenoir 1985).

Dans le même temps, la possibilité offerte, dès les années 1970, à de plus en plus de femmes d'accéder aux études supérieures dans une période de contestations féministes exerce une influence sur la production scientifique. Les études féministes prennent leur essor, développant un ensemble de connaissances sur les rapports sociaux de sexe, dans un contexte où les recherches en sciences sociales sont androcentrées (le masculin est défini comme universel) et principalement appréhendées sous l'angle des rapports de classe. On assiste alors à l'émergence de nouvelles grilles d'analyse et d'un nouveau vocabulaire. En livrant ainsi des outils pour comprendre la société, les travaux féministes permettent aussi de la transformer.

La diffusion du féminisme dans toutes les sphères du social

Cette combinaison de facteurs sociaux et historiques facilite la diffusion de la critique féministe dans le social : de nouvelles idées, normes, valeurs ou modèles sociaux, qui ne portent pas uniquement sur des objets débattus dans les années 1970 par les féministes, se propagent et transforment les mœurs. Certains éléments de la critique féministe sont repris par les médias (la parité en politique), dans des discours politiques (les discours sur l'égalité des salaires ou la violence domestique), les travaux artistiques (sur l'intrusion du pouvoir médical sur le corps des femmes ou sur l'invisibilité du travail domestique), les entreprises (sur la conciliation), etc. Ils deviennent de nouveaux répertoires culturels sur lesquels s'appuient les ressorts de l'action des individus. Le savoir sur le genre se propage par l'intermédiaire de l'enseignement qui devient un support de plus en plus fréquent à la constitution d'identités féministes (Risman 2009). La critique féministe s'infiltre dans la vie ordinaire des individus, à travers de nouveaux termes en lien avec les rapports sociaux de sexe : on parle de travail domestique, de charge mentale, de double journée, etc. Certaines thématiques relatives à la domination masculine sont problématisées en tant que telles : les inégalités entre femmes et hommes sur le marché du travail, l'inégale répartition du travail domestique, la violence conjugale, etc. Rendues visibles, elles deviennent moins tolérables et constituent davantage un terrain de lutte et de transformation, au détriment d'autres thématiques moins problématisées, telles que les préoccupations esthétiques des femmes, l'hypergamie conjugale ou la répartition asymétrique de la prise de parole entre les femmes et les hommes. Ainsi, si la structure de genre incite les individus à reproduire le genre à travers leurs interactions quotidiennes, la critique féministe distillée dans le social les encourage à le transformer partiellement, et donc par là même à *se* transformer aussi.

Le cas de la famille

Pour illustrer notre propos, arrêtons-nous sur l'influence qu'exerce le féminisme sur les individus dans le cadre de la famille, et plus spécifiquement sur les familles des classes moyennes. Le processus de démocratisation, porté notamment par les mouvements des femmes, concerne aussi cette sphère. Le modèle de la famille dite « traditionnelle », caractérisé par une forte division entre la sphère privée et publique ainsi qu'une définition sexuée des rôles entre conjoint-e-s hétérosexuel-le-s, est ébranlé par le modèle démocratique des années 1960. Ce dernier inflige de nouveaux impératifs sociaux et idéologiques aux individus, il entraîne de nouvelles mœurs : il se veut anti-institutionnel et non hiérarchique. La famille n'est plus perçue comme une entité à part entière où les individus, assignés à des rôles spécifiques, entretiennent des rapports hiérarchiques, mais en tant que groupement d'ayants droit (Gauchet 2002). Le modèle de l'autonomie du citoyen, se rapportant autrefois exclusivement aux hommes, en vient progressivement à concerner les deux partenaires du couple. Le statut de chaque individu n'est plus clairement défini. La figure du père autoritaire et de la mère nourricière s'estompe au profit d'un modèle où les relations sont marquées par une sensibilité à l'égalité et à la réciprocité entre les partenaires, ainsi qu'entre parents et enfants. Ce modèle familial relationnel valorise la qualité des interactions : il s'agit notamment de s'écouter, de se comprendre ou d'être empathique envers autrui. On assiste alors à un mouvement d'ensemble de « privatisation » des mentalités familiales : les partenaires des familles contemporaines se considèrent comme seul·e·s responsables de la formation du couple, de son organisation ainsi que de sa gestion quotidienne, voire de son éventuelle rupture. La famille évolue ainsi dans un double mouvement antagoniste : elle dépend de plus en plus des institutions publiques (étatiques, économiques, culturelles et juridiques) tout en aspirant de plus en plus à la vie privée et à la liberté individuelle. Dans ce contexte, dès les années 1960 et dans l'ensemble des pays occidentaux, les structures familiales se modifient progressivement, à commencer par l'augmentation du taux de divorce. Celui-ci entraîne de nouveaux risques de précarité économique des épouses. On assiste à une augmentation du nombre de familles monoparentales ou recomposées. La famille se diversifie et se conjugue alors au pluriel. Le modèle familial dominant semble dépassé par une multitude de formes familiales possibles : familles monoparentales, recomposées, constituées de demi-frères, de demi-sœurs, de belles-mères et de beaux-pères, etc., ou encore celles formées par des couples homosexuels. Pendant cette même période, le taux de nuptialité diminue et l'union libre se banalise. Enfin, les taux de fécondité baissent drastiquement.

Chez les couples hétérosexuels, le modèle égalitaire est davantage porté par les femmes que par les hommes, les premières étant, de par leur position subordonnée dans les rapports sociaux de sexe, plus intéressées au changement. En Suisse, par exemple, le partage de la garde des enfants en cas de divorce est un principe davantage

soutenu par les femmes que par les hommes (Roux 1999).
On assiste à ce titre à un « décalage de genre » (Hochschild
1989) au sein des couples hétérosexuels, où les aspirations
égalitaires des épouses se confrontent à celles, plus traditionnelles, des époux.

Or, même si les hommes manifestent moins
d'aspirations égalitaires que les femmes, étant intéressés à
préserver leurs privilèges de genre, la norme égalitaire ne
les épargne pas. Celle-ci relève d'une importante force normative sur les deux partenaires des couples hétérosexuels ; elle
s'impose actuellement comme une injonction sociale, bien
que variant d'intensité selon les milieux. Ainsi, lorsque des
partenaires du couple sont interrogé-e-s dans le cadre d'une
recherche sur la vie conjugale à travers le linge (Kaufmann
1992), elles et ils sont contraint-e-s de se positionner, de se
définir et de se justifier par rapport à la norme égalitaire. Dans
les entretiens menés au cours de cette enquête, les hommes
mettent fièrement en avant leur participation aux tâches
domestiques, aussi minime soit-elle, alors que les femmes
valorisent les petites contributions de leurs conjoints. Les
hommes peu impliqués dans le ménage sont gênés ou se jus-
tifient, pendant que leurs épouses culpabilisent de n'avoir pu
imposer le partage des tâches. De même, concernant la
paternité, même si les « nouveaux pères » ne sont pas si progressistes puisqu'ils résistent au changement et ont des raisons objectives d'y résister, tous doivent cependant composer
avec la norme égalitaire (Modak et Palazzo, 2002).

Des préoccupations féministes décelées dans le rapport à l'argent

L'intégration de l'idéal d'égalité entre les
sexes et d'autonomie des femmes portée par le féminisme
peut receler des préoccupations éthiques qui se révèlent à

travers des gestes ordinaires. Dans une recherche sur le rapport des femmes à l'argent dans les couples hétérosexuels des classes moyennes (Bachmann 2009), nous avons montré que les femmes investissent leur argent de sens, en lien avec l'idéal démocratique. En nous focalisant sur des femmes avec enfants à charge, qui ont une activité professionnelle et sont issues des classes moyennes à capital culturel élevé, nous nous sommes ainsi intéressés à des femmes qui ont les ressources pour penser leur émancipation, comparativement à la génération de leurs mères et aux femmes d'autres milieux sociaux : ressources matérielles, par l'intermédiaire de leur salaire, ressources idéologiques ainsi que compétences culturelles, partiellement tributaires de leur capital scolaire important, par leur *ethos* de classe. Ces femmes sont aussi *contraintes* à une certaine exigence d'égalité et d'autonomie. Cet impératif, qui se reflète notamment dans leur rapport à l'argent, relève d'un *souci de soi,* pour reprendre à notre compte le concept de Michel Foucault, défini en tant qu'« intensification du rapport à soi par lequel on se constitue comme sujet de ses actes » (1984, t.3, pp. 57-58). Le souci de soi des femmes se réfère implicitement aux rapports de domination entre les sexes dont certains aspects ne sont plus tolérés. Il est « orienté vers une éthique », pour reprendre l'expression de Foucault, dans le sens qu'il impose des pratiques liées à l'idéal démocratique. Les femmes sont incitées à porter attention à elles-mêmes, à leurs pratiques. Elles façonnent leurs dispositions et se construisent comme sujets à travers un travail de subjectivation, en lien avec l'idéal démocratique. Par l'usage qu'elles font de l'argent, elles intègrent ainsi au quotidien les principes d'égalité et d'autonomie. L'appropriation de cet idéal par les femmes relève d'un véritable travail personnel de problématisation et de transformation de soi. Ce travail de soi est soutenu par *Le nouvel esprit du capitalisme* (Boltanski et Chiapello, 1999) caractérisant la modernité avancée qui non seulement encourage, mais aussi contraint les individus à être des entrepreneurs de soi, à se porter et à s'autogouverner. Il s'inscrit dans un processus d'émancipation, où les femmes tentent de sortir de leur statut secondaire par rapport à celui des hommes.

Ces soucis de soi sont plus ou moins marqués et plus ou moins explicites selon les femmes. Dans leur mise en œuvre, ils peuvent être évoqués sous forme discursive, en tant qu'intention, idéal ou valeur auxquels souscrivent les femmes. Ils peuvent aussi se situer au niveau des pratiques, comme marquage concret. Dans les entretiens, les discours des femmes attestant de soucis de soi sont motivés par des croyances et des valeurs profondément ressenties qui rendent intolérables certains aspects de la domination masculine. Par exemple, elles se servent de leur argent pour marquer un refus tutélaire. Une femme contrôlée financièrement par son mari achètera ainsi des objets pour son enfant ou pour sa maison avec son argent personnel et non celui du ménage, dans le but de rejeter secrètement le contrôle de son conjoint. Par ailleurs, des femmes, dans un souci de non-instrumentalisation, utilisent l'argent comme un outil de mesure permettant d'évaluer les apports de chacun-e au collectif, de manière à marquer une symétrie entre les partenaires. Par exemple, une femme comptabilise les apports d'argent de chacun-e dans le compte commun, en séparant scrupuleusement dans son porte-monnaie son argent personnel de l'argent du couple. En outre, des femmes manifestent un souci de non-dépendance à l'égard de leur partenaire à travers leurs usages de l'argent. Une femme se rappelle ainsi qu'elle ne dépend pas financièrement d'un homme en payant avec son argent personnel, et non celui du ménage, un objet de décoration pour le logement du couple qui profitera aux deux conjoint-e-s. Enfin, des femmes utilisent leur argent pour manifester un souci d'égalité des tâches, en contribuant par exemple autant que leurs maris aux comptes du ménage, tout en gagnant moins d'argent qu'eux.

Ces pratiques, pouvant *a priori* être considérées comme futiles, dérisoires, voire irrationnelles, et passant souvent inaperçues aux yeux des partenaires masculins, délivrent en fait un message fondamental sur l'autonomie des femmes et l'égalité entre les sexes. Leurs préoccupations en matière d'égalité et d'autonomie, révélées ici à travers leur rapport à l'argent, mais qui pourraient se déceler dans d'autres domaines, ont une forte dimension socialisante qui les concerne avant tout elles-mêmes : en portant une attention à leurs manières d'être et d'agir, les femmes façonnent leurs dispositions et se construisent ainsi comme sujets éthiques. Ainsi, lorsqu'une femme épargne mensuellement de l'argent par souci de prévoyance, ce geste, qui objectivement lui donne accès à de l'argent en cas de rupture potentielle, lui permet également d'assimiler subjectivement son autonomie financière.

Cette forme individualisée du féminisme rencontre des limites. D'une part, les soucis de soi des femmes relevant de constructions du sens commun plutôt que de catégories exhaustives, les femmes n'agissent que sur les aspects de la domination masculine qu'elles voient et qu'elles considèrent intolérables, en négligeant d'autres aspects, moins visibles et donc tolérables. C'est ainsi que la plupart des femmes de notre étude destinent leur argent personnel, qu'elles revendiquent d'ailleurs comme « argent non contrôlé », gage de leur autonomie, à des dépenses en lien avec leur apparence esthétique (vêtements, produits de beauté, etc.). Les préoccupations esthétiques des interviewées peuvent s'interpréter comme relevant de préoccupations genrées de femmes-objets renforçant la domination masculine, similaires à celles évoquées au début de ce chapitre. De même, le caractère individuel des soucis de soi, où les femmes se focalisent sur la transformation de leurs dispositions genrées, empêche les femmes de poser un regard réflexif ou critique sur les structures créant ces dispositions. Si on reprend notre interrogation de départ sur la question de l'appropriation de la critique féministe par les individus, c'est comme si la militante féministe des années 1970, qui exprimait sa colère et son indignation dans l'espace public, était retournée dans son foyer pour militer avec elle-même, pour faire un travail sur elle en matière d'idéal démocratique : « Tu ne me contrôleras pas ! Tu ne m'instrumentaliseras pas ! Je ne dépendrai pas financièrement de toi ! Je peux te quitter quand je veux ! », se dit-elle, en s'imaginant s'adresser à son partenaire. La lutte peut être bien présente, mais lorsqu'elle s'effectue de manière individuelle et silencieuse, sans l'appui de la critique féministe, quelle peut être sa portée ?

Ensuite, la problématisation de soi en termes d'égalité et d'autonomie relève d'un double travail pour les femmes. D'une part, il consiste à s'investir, non sans difficultés, dans un nouveau terrain de lutte. D'autre part, ce travail s'accompagne d'un travail de justification et de thématisation de leur investissement dans un domaine associé traditionnellement aux hommes. Ce double travail est aussi un travail honteux. Se traduisant par des mots et des gestes concernant l'argent, d'apparence superficielle ou insignifiante, il nécessite parfois de mobiliser des attitudes de vigilance envers son partenaire, ou des pratiques comptables et égocentrées fortement dévalorisées dans la société en général, et dans la famille en particulier. Les femmes entrent ainsi dans un terrain miné, où leurs soucis de soi peuvent à tout moment se retourner contre elles. Elles risquent alors de paraître ridicules, égoïstes, calculatrices ou bassement terre-à-terre. Le travail de ces femmes, en tant que travail honteux ou taché, peut d'autant moins être mis en avant ou être rendu public : il doit se faire de manière solitaire et discrète.

Enfin, la dissolution du féminisme dans les individus entraîne des effets de stigmatisation et de culpabilisation individuelle : elle vise des personnes dans leur chair, plutôt que des structures sociales. Les femmes qui explicitent ouvertement leurs soucis de soi peuvent se sentir stigmatisées ou l'être par les autres. Ainsi, une interviewée raconte qu'elle se fait rappeler à l'ordre par ses ami-e-s lorsqu'elle explicite ouvertement ses préoccupations en termes d'égalité des tâches, ce qui l'incite à se censurer. Ensuite, des hommes ne percevant pas les enjeux sociaux associés aux soucis de leurs compagnes peuvent stigmatiser voire même dénigrer leurs pratiques pour leurs aspects comptables et terre-à-terre. Enfin, les femmes les plus informées sur les questions d'émancipation peuvent à leur tour stigmatiser d'autres femmes qui n'aspirent pas à davantage d'égalité et d'autonomie. Elles participent ainsi à la division du groupe social des femmes. Ainsi, lorsqu'une interviewée affirme qu'elle a toujours « refusé d'être la ménagère d'un homme », qu'elle a « horreur » du modèle de la femme au foyer, celui-ci agissant pour elle comme un modèle repoussoir, ses propos, s'ils sont interprétés en termes d'émancipation individuelle et non en termes de rapports sociaux de sexe, peuvent stigmatiser ou dénigrer les femmes au foyer plus présentes dans d'autres milieux et renforcer ainsi les rapports de classe.

Nous espérons avoir montré, dans ce chapitre, que les individus, quoique traversés par la domination masculine, le sont aussi parfois par le féminisme. En portant un regard pluraliste sur eux, nous évitons de nous focaliser uniquement sur la domination masculine qui forge et façonne les individus (autrement dit : de ne voir que les strings des adolescentes), et d'interpréter les tentatives individuelles d'émancipation comme des démarches illusoires. Cette perspective permet aussi d'éviter de survaloriser le pouvoir émancipateur des individus, qui s'effectuerait notamment par un travail de subjectivation, sans prendre en compte les limites de la personnalisation du politique. Enfin, si ce chapitre s'appuie principalement sur des études effectuées dans les couples hétérosexuels des classes moyennes, il nous semble indispensable d'ouvrir cette réflexion à d'autres univers sociaux. Il s'agirait d'explorer, par exemple, les formes d'assimilation individuelles du féminisme dans les milieux populaires.

6

Le fémi
émanci
les hon

Le féminisme émancipera-t-il les hommes ?

Christian Schiess

Pour ironique qu'elle soit, cette question prend appui sur un postulat souvent formulé à propos de l'égalité entre femmes et hommes : « *Les hommes aussi ont à y gagner* ». Il est néanmoins curieux qu'un tel énoncé ne rencontre pas plus d'opposition. Il suffit de songer, à titre de comparaison, à l'incongruité qu'il y aurait à affirmer que les luttes ouvrières émanciperont les patrons. Il est vraisemblable que ni les un-e-s, ni les autres n'adhéreraient à une telle vision politique. Personne en effet ne semble soutenir la thèse selon laquelle les grèves ouvrières et l'autogestion d'usines bénéficieraient en définitive aux bourgeois-e-s également. Or, c'est un pari de ce type qui est fait assez largement sur la situation qui attend les hommes dans une société débarrassée de la hiérarchie des sexes.

L'égalité des sexes : une stratégie gagnant-gagnant ?

L'étonnement qui nous sert ici d'entrée en matière a été exprimé en 1986 déjà par Peggy McIntosh : si un nombre croissant d'hommes semble prêt à concéder que les femmes sont confrontées à des discriminations et à des désavantages liés à leur sexe, il leur est bien plus difficile d'admettre ce qui en est pourtant le corollaire, à savoir qu'eux-mêmes disposent de toute une série d'avantages ou, pour le dire autrement, de *privilèges* masculins : « Après avoir réalisé, grâce à un travail de terrain académique en Women's Studies, à quel point les hommes fonctionnent sur la base de privilèges non reconnus, j'ai compris que l'oppression qu'ils exercent leur est largement inconsciente » (McIntosch 1988, ma traduction).

Pour résoudre cette énigme, elle procède de manière détournée en menant une expérience critique autoréflexive, s'interrogeant en tant que femme blanche sur ce que signifie le « privilège blanc » dont elle bénéficie au quotidien. Tout comme les hommes proféministes, les blanche-s parmi les plus vertueusement antiracistes entrent dans le déni à partir du moment où il leur est demandé de reconnaître qu'elles et ils en bénéficient collectivement et individuellement, que dès lors qu'on est blanc-he, on gagne quelque chose à vivre dans une société et dans un monde racistes. Pour qu'il y en ait qui perdent, c'est comme pour les riches et les pauvres : il faut que d'autres y gagnent. L'exercice consiste dans une liste de 46 énoncés écrits à la première personne du singulier, parmi lesquels : « Je peux parler en public à un groupe d'hommes puissants sans devoir mettre ma race en jeu » ; « Si j'ai peu de crédibilité comme dirigeante, je peux être assurée que le problème n'est pas dû à ma race » ; « Je peux m'inquiéter au sujet du racisme sans être perçue comme défendant mes intérêts particuliers » ; « On ne me demande jamais de parler au nom de tous les membres de ma catégorie de race ».

Des privilèges symboliques

Ce dernier énoncé révèle de manière particulièrement flagrante l'*asymétrie* des rapports sociaux de couleur, et cette propriété peut également s'appliquer aux rapports sociaux de sexe. Tout comme les blanc-he-s ne voient pas le fait d'être blanc-he comme une identité raciale, les hommes tendent à se percevoir eux-mêmes comme des êtres non genrés, comme le référent prétendument neutre à partir duquel se mesure la différence des sexes, c'est-à-dire celle des femmes par rapport aux hommes. Les femmes, en revanche, sont systématiquement renvoyées à leur catégorie de sexe, ou pour le dire avec Colette Guillaumin : « "Une femme est une femme parce qu'elle est une femelle", énoncé dont le corollaire, sans lequel il n'aurait aucune signification sociale, est "un homme est un homme parce qu'il est un être humain" » (Guillaumin 1978). C'est peut-être là que réside le privilège masculin fondamental. Si cette propension des hommes à se confondre avec l'universel a été passablement érodée par le féminisme, il demeure que le privilège que les hommes en retirent reste relativement intact. Preuve en est le fait qu'en écrivant ces lignes, et pour paraphraser Peggy McIntosh, « je peux m'inquiéter au sujet du [sexisme] sans être perçu comme défendant mes intérêts particuliers ».

L'effet principal, sur les hommes, de ce privilège symbolique est que jamais le doute ne les effleurera qu'ils pourraient devoir ce qu'ils sont au fait qu'ils sont des hommes. Ils peuvent en toutes circonstances se payer le luxe de croire sincèrement que leur réputation, leur statut, leur prestige, leur charisme et leur ascension sociale sont dus à leur seul mérite et non pas à leur position de dominants. Ils ne courent aucun risque que des mesures institutionnelles de « discrimination négative » ne soient prises à leur encontre et ne les renvoie à leur particularisme de sexe. Cela tient d'une part au fait qu'ils tendent à être reconnus en tant qu'individus, et non pas comme membres d'un groupe social, et d'autre part à ce qu'ils tendent à être reconnus pour ce qu'ils *font*, et non pas pour ce qu'ils *sont* (Molinier 2003).

On ne naît pas dominant, on le devient

La plus grande reconnaissance dont bénéficient les hommes dans la société est le fruit d'une longue socialisation qui a pour effet progressif de les hisser à leur rang de dominants. Depuis leur plus jeune âge, comme cela a été largement démontré (Mosconi 1989), les garçons reçoivent plus d'attention que les filles de la part de leurs parents, de leurs enseignant-e-s, de leur entourage. Ils sont systématiquement encouragés plus énergiquement que les filles à investir l'espace public (pensons aux jeux et aux jouets), à prendre des risques, à prendre la parole, à manger une troisième ration de nourriture, etc. Ce surplus d'attention et d'encouragement les conduit à bénéficier d'une assurance et d'une estime de soi renforcées, qui vont de pair avec l'intériorisation d'un sentiment de supériorité vis-à-vis des filles.

De ces privilèges qu'ils n'ont jamais demandés, les garçons vont se mettre à faire des stratégies plus ou moins conscientes qui viseront à attirer l'attention et la compassion des autres, et des filles en particulier, chaque succès dans cette recherche de reconnaissance étant vécu comme une confirmation de leur identité masculine, ce qui a le double effet de les rassurer psychiquement et de les assurer dans leur sentiment d'appartenir à un groupe social dominant. Cette dynamique, si elle est structurante principalement dans l'enfance et l'adolescence, se poursuivra durant toute l'existence, car la menace de ne pas être reconnu en tant que garçon, puis en tant qu'homme, plane à tout instant sur les individus qui se sont vus attribuer un sexe mâle. Là réside la propriété fondamentale de la structure sociale asymétrique du genre : ce sont les garçons qui apprennent à se distinguer des filles, et non l'inverse. Pour une fille, être qualifiée de « garçon manqué » revient à quitter la place subordonnée qui lui est assignée, ce qui peut être parfois réprimé, parfois encouragé. Pour un garçon, dans tous les cas, être assimilé à une fille vaut disqualification.

Et pourtant, ils changent...

Une autre manière d'intituler cette contribution aurait pu consister à se demander : « Le féminisme a-t-il changé les hommes ? ». La réponse est plus complexe que ne le donnent à penser les discours sur « l'homme nouveau », les « nouveaux pères » ou « l'homme qui assume sa part de féminité », lesquels dénotent une conception somme toute naïve du changement social.

La domination masculine se joue subtilement dans les corps et se reproduit essentiellement par des pratiques *ordinaires* qui le plus souvent ne sont pas perçues 5[4]. Des changements importants ont été enregistrés depuis une quarantaine d'années sous l'effet du féminisme, et les hommes ont été amenés à ajuster leurs comportements, d'une manière plus ou moins volontaire ou contrainte, sur les nouvelles attentes exprimées par les femmes, dans leurs relations affectives, conjugales, professionnelles, etc. Si le fait de voir un homme langer un bébé ou le promener dans une poussette est devenu une scène banale, presque impensable il y a un demi-siècle, ce type de changement ne doit pas masquer les *régularités* qui les sous-tendent et qui perpétuent la domination : premièrement, le fait que ces hommes bénéficient à cet égard d'une plus grande reconnaissance pour un moindre travail, et deuxièmement le fait que quel que soit leur degré individuel de « progressisme » ou de « machisme », les hommes qui s'adonnent à des activités caractérisées traditionnellement comme féminines s'arrangent pour rendre ces nouvelles dispositions compatibles avec leur masculinité et leur statut de dominant.

Rechercher des régularités dans les pratiques des hommes revient ainsi à identifier les règles élémentaires que tous les hommes sont amenés à suivre, bien que dans des mesures variables et avec des ressources inégales, et qui autorisent de ce fait à parler des « hommes » en tant que catégorie sociale. Certes, il importe dans le même temps de décliner au pluriel les masculinités, pour éviter l'écueil d'une essentialisation de la catégorie des hommes. Si l'on poussait cependant jusqu'à son terme cette logique déconstructive, on aboutirait alors à la conclusion qui semble séduire beaucoup de sociologues qui s'intéressent aux hommes, à savoir qu'il existe virtuellement autant de masculinités qu'il existe d'individus. Cela reviendrait à sacrifier à l'idéologie individualiste ambiante qui, à trop se concentrer sur la multiplicité des parcours de vie et sur la dimension intersubjective des *relations* entre femmes et hommes, nous fait perdre de vue le *rapport* social qui les contient. Il est permis de penser qu'une telle posture individualiste a davantage pour fonction de se donner bonne conscience (« chacun-e fait au mieux ») que d'identifier avec précision les obstacles à un changement vers une égalité de fait.

Se distinguer des filles

La logique de *distinction* des garçons par rapport aux filles peut être mieux appréhendée si on la rapporte aux stratégies que Pierre Bourdieu (1979) a décrites pour rendre compte de la manière dont les classes dominantes se reproduisent en ajustant leurs pratiques et leurs goûts culturels en réponse à l'apparition d'une culture de masse. D'une manière comparable, sous l'effet des luttes féministes, et donc de la prétention des filles et des femmes d'investir des espaces auparavant monopolisés par les hommes, ces derniers déploient certaines stratégies de déplacement pour maintenir leur domination.

Ces stratégies peuvent être parfois très sophistiquées, comme celle notamment qui consiste à donner à croire à une « féminisation » non seulement des hommes, mais de la société tout entière. À cet égard, Linda McDowell a pu constater que dans les entreprises de service qui font appel à des caractéristiques traditionnellement attribuées au féminin, comme le « management émotionnel », l'injonction d'être « à l'écoute » des client-e-s, de leur sourire, etc., les femmes et les hommes ne jouent pas à armes égales selon leur sexe et leur classe sociale. Dans les entreprises recrutant des cadres bancaires, elle constate un phénomène assez curieux qui est que leurs collègues femmes se sentent larguées dans ce jeu de compétition visant à faire montre de sa « part féminine ». Cela suggère que dans cette prétendue « féminisation » à tous vents, et contrairement à ce qui est souvent affirmé, les femmes ont sans doute davantage à y perdre que les hommes. Elles ne sont cependant pas les seules. Il apparaît en effet que dans les entreprises qui recrutent des vendeurs peu qualifiés, ces injonctions à être au service des autres, à être déférent, sont beaucoup plus mal vécues car elles entrent en confrontation directe avec les normes de la masculinité propre à leur classe sociale, ce qui a pour effet de dévaloriser l'estime de soi (McDowell 2005).

Dans un tel exemple, le genre et la classe sociale se reproduisent simultanément. Cela a pour effet, parmi les hommes, de procurer un fort profit distinctif à « [c]elui qui, comme on dit, "peut se permettre" de se situer au-delà des règles tout juste bonnes pour les cuistres (…), se pose comme posant les règles, c'est-à-dire comme *taste maker*, arbitre des élégances dont les transgressions elles-mêmes ne sont pas des fautes mais l'amorce ou l'annonce d'une nouvelle mode (…) » (Bourdieu 1979, p. 285). La dernière mode, en l'occurrence, c'est d'intégrer certaines dispositions associées au féminin pour ajuster sa virilité aux nouvelles normes de la « masculinité hégémonique » (Connell 1995) qui les a en partie intégrées. Ces stratégies ne peuvent conduire qu'à laisser pour compte les hommes des classes populaires, en contribuant par exemple à renforcer la stigmatisation des ouvriers ou des « jeunes des banlieues » pour leur virilité jugée excessive, ce qui n'est en somme qu'une réactualisation genrée du racisme de classe.

Dans tous les cas cependant, la domination sur les femmes, assurée par la reconnaissance même du statut d'homme, tiendra toujours lieu de compensation relative à toutes les formes de relégation sociale. L'analyse des masculinités, et du genre en général, peut ainsi contribuer à affiner l'analyse des autres rapports de pouvoir dans lesquels le genre se trouve toujours étroitement imbriqué.

Des privilèges matériels

Si les hommes résistent, c'est donc bien qu'ils ont des privilèges à défendre, et ces privilèges ne sont pas que de nature symbolique : ils sont bien matériels. Parmi ceux qu'ont identifiés les féministes de la deuxième vague, on peut mentionner les suivants :

· bénéficier d'un accès prioritaire aux positions de pouvoir ;
· bénéficier d'une plus grande rémunération de ses activités ;
· bénéficier du travail et des services domestiques gratuits fournis par des femmes (exploitation domestique) ;
· bénéficier d'un accès aux corps et des services sexuels des femmes (définis en fonction du regard et du plaisir masculins) ;
· bénéficier d'une plus grande liberté dans l'organisation et la gestion du temps ;
· bénéficier d'un accès prioritaire à l'espace public (défini en fonction du regard et des corps masculins).

Arrêtons-nous sur la question de l'occupation de l'espace public. Les garçons étant davantage encouragés à l'investir, dès leur plus jeune âge, ils tendent à s'y sentir légitimes et à percevoir les filles comme y étant moins à leur place. L'enquête consacrée par Marylène Lieber à ce sujet est instructive. Les femmes qu'elle a interrogées de manière approfondie sur leur rapport à l'espace public ont toutes reconnu qu'elles adoptaient des stratégies d'évitement de certains lieux ou de certaines heures, ne s'y sentant pas en sécurité. Cela l'amène à conclure que les espaces publics ne sont tolérés pour les femmes que dans une certaine mesure (Lieber 2008). Étant comme quadrillé par le regard des hommes, l'espace public expose les femmes à un continuum d'interpellations qui vont du regard à l'abordement physique, en passant par les compliments et les sifflements.

Quand l'amour s'en mêle

Ce qu'il y a peut-être de plus difficile à admettre dans le fait que les hommes disposent de privilèges sur les femmes, c'est que les rapports sociaux de sexe ont ceci de particulier que ce qui oppose les sexes entre eux est aussi ce qui les lie, à savoir le désir. En faisant l'apprentissage de la masculinité, les garçons acquièrent un sentiment de supériorité sur les filles. Ils apprennent donc à dévaloriser les filles, et de cela, tout homme a fait l'expérience. C'est la condition même de sa reconnaissance en tant qu'homme, comme l'a fait remarquer Anne-Marie Devreux : « S'ils forment eux aussi une catégorie "spécifique", c'est dans la mesure où ils sont en position de domination par rapport à la catégorie des femmes » (Devreux 2004, p. 7). Or, dans le même temps, les garçons apprennent également très tôt que le fait de regarder les filles, de parler de leurs corps ou d'« avoir une copine » est susceptible de leur conférer du prestige et une reconnaissance par les autres. Constituer les filles en êtres infériorisés et les constituer en êtres désirables procède donc de la même logique sociale. Cette norme de désir, qui est sous-tendue par l'institution de l'hétérosexualité, s'adresse bel et bien à tous les garçons, quoique dans une intensité variable et avec des succès ou des échecs qui varient selon les individus et le contexte social.

À cet égard, le constat formulé en 1972 par Guy Hocquenghem selon lequel « dès l'enfance, le désir homosexuel est éliminé socialement par une série de mécanismes familiaux et éducatifs » (Hocquenghem 1972, p. 23) demeure valide. Même s'il a les parents les plus progressistes du monde, il semble inconcevable aujourd'hui qu'un jeune garçon ne soit pas confronté, par son entourage, par les livres qu'il lit et surtout par ses pairs, à l'injonction normative qu'il est non seulement pas souhaitable, mais également risqué pour son devenir homme, de ressentir, et encore plus de reconnaître qu'il ressent un désir sexuel pour un autre garçon. À travers des supports pornographiques présentant une image dégradée des femmes, en se racontant leurs exploits sexuels (fictifs ou probables), en s'entraînant à « mater les filles » ou par la pression sociale au conformisme qui s'exerce sur eux, les garçons apprennent *entre eux*, bon gré, mal gré et bien souvent *à leurs corps défendant*, ce qu'est une érection légitime. Il faut ainsi bien admettre que l'homophobie, tout comme le sexisme, est constitutive du masculin (Welzer-Lang *et al.* 1994).

Cette intrication de la domination et du désir produit des effets particulièrement sournois, parmi lesquels la difficulté, pour les femmes, de reconnaître les privilèges de ceux vers lesquels elles sont incitées à canaliser leur désir sexuel, redoublant ainsi la compassion et la reconnaissance dont les hommes bénéficient de la part des femmes et qu'ils ont appris à capitaliser.

De la conscience de dominer

Reste la question de savoir dans quelle mesure les hommes ont ou n'ont pas conscience d'exercer une domination sur les femmes. Cette question, à laquelle on a peut-être tendance à répondre trop souvent par la négative, a été explorée en profondeur par Léo-Thiers Vidal. Au contraire du constat formulé par Peggy McIntosh selon lequel « l'oppression qu'ils exercent leur est largement inconsciente », le sociologue s'est pour sa part attaché à défendre l'hypothèse que cette conscience est plus aiguë qu'on veut bien l'admettre. Pour échapper à l'alternative stérile entre conscience et inconscience, il fait usage d'une expression plus nuancée empruntée à Colette Guillaumin : « à la limite de la conscience claire », qui me semble particulièrement indiquée pour rendre compte de la complexité des rapports sociaux de sexe (Thiers-Vidal 2010). En effet, une telle formulation rend possible d'envisager que ce qui est inconscient à un moment donné peut, sous certaines conditions, émerger à la conscience. En particulier, le fait de dévoiler certains mécanismes de la domination peut, à condition d'y mettre suffisamment de bonne foi, faire prendre conscience de certaines pratiques oppressives et par conséquent ouvrir la voie à des améliorations.

Illustrons cela à l'aide d'une partie de babyfoot à laquelle je n'ai pas participé mais que, pour cette raison précisément, j'ai eu l'occasion d'observer. Pour pallier ma défection, les trois hommes qui m'accompagnaient ont demandé à une femme qui se trouvait dans ce bar, et qu'ils connaissaient, si elle voulait se joindre à eux, ce qu'elle a accepté tout de suite. La première partie commence, et les deux hommes qui font équipe se livrent vite à des cris et des gestes de connivence très ostensibles (« tope-là ! ») par lesquels ils se confirment mutuellement qu'ils forment une équipe et, par là même, que les deux autres n'en font pas partie. De l'autre côté de la table, la coéquipière du troisième homme se met à chercher le même type de réciprocité en lui tendant son bras avec les cinq doigts de la main bien écartés. En guise de « gimme five », elle voit se diriger vers elle un bras nonchalant qui contraste très visiblement avec ce qui se passe en face, la main de son coéquipier finissant par n'effleurer qu'à peine la sienne. Le corps de l'homme résiste. Elle renouvellera la tentative à quelques reprises, mais avec un échec à chaque fois plus cuisant. Pour dédaigneuses qu'elles puissent être, ces réponses corporelles auront sans doute échappé à la conscience immédiate des personnes réunies, mais elles n'en produiront pas moins des effets visibles sur le jeu de la femme. Une rocade est faite, et la deuxième partie voit l'ex-coéquipier de cette dernière aux côtés d'un autre homme. Les deux hommes se livrent immédiatement aux mêmes attitudes ostensibles que celles dont faisaient montre les deux hommes de la configuration précédente. La joueuse, après avoir tenté en vain d'obtenir un dernier signe de reconnaissance virile de la part de son deuxième coéquipier, renonce définitivement à cette stratégie et se concentrera désormais uniquement sur son propre jeu. Une nouvelle rocade s'opère. À ma stupéfaction, cette troisième configuration voit se brouiller la frontière qui jusque-là séparait la table en deux équipes adverses. Les signes de connivence se font maintenant de part et d'autre de la table, chacun des trois hommes félicitant les deux autres pour les points qu'il marque, se solidarisant mutuellement par des frappes dans les mains. Il est dès lors manifeste que la partie se joue à trois contre une. Il me faut encore préciser un détail qui n'en est peut-être pas un : la seule personne qui s'est retrouvée en définitive à trois reprises dans la configuration gagnante (en termes de points, et non de solidarité), c'est la joueuse.

Ne surtout pas conclure

Alors que sa fonction explicite était d'opposer deux équipes de joueurs censés se trouver dans une situation de compétition ludique, ce rituel a eu en définitive pour fonction de confirmer les hommes dans leur masculinité et de renforcer par là même l'exclusion de la femme présente de leur communauté, la mixité de la situation n'étant en réalité qu'apparente. Ces configurations de jeu sont plus largement révélatrices de tous ces gestes, de tous ces signes de connivence parfois imperceptibles par lesquels les hommes mettent en jeu leurs corps et signifient *à chaque instant*, dans leurs interactions avec les autres, qui ils jugent digne de faire partie du groupe de leurs pairs, et qui n'en est pas digne. Plus généralement encore, cette scène, par sa simplicité même, a valeur paradigmatique et peut nous renseigner sur les stratégies plus ou moins conscientes ou inconscientes déployées par les femmes et par les hommes à l'école, dans leurs rapports de travail ainsi que dans tous les espaces sociaux où la mixité formelle et l'égalité deviennent de plus en plus la norme. Elle pourrait alors fonctionner à la manière d'une métaphore dans laquelle la table de baby-foot serait la lutte des classes, et nous permettrait alors d'admettre avec un peu moins de réticence que des individus que tout oppose à première vue, à savoir les patrons et les ouvriers, ont pu et peuvent, sous un certain rapport et dans certaines conjonctures, former une communauté de représentations et d'intérêts qui puisse jouer en défaveur des ouvrières (Studer 1995).

À l'heure où une partie de la gauche intellectuelle française, se réclamant de la critique radicale, s'enthousiasme à la lecture des propos les plus authentiquement réactionnaires selon lesquels « la *seule* différence qu'une *véritable* politique de gauche devrait chercher à éliminer [c'est] : la différence entre les classes » (Michaels 2009), il est néanmoins permis de nourrir un certain pessimisme quant aux perspectives de convergence des différentes luttes sociales[26].

Face à ceux qui, après quarante ans de féminisme, conseillent encore aux femmes d'attendre patiemment le Grand Soir pour voir leur émancipation réalisée, il convient de rappeler que les hommes, en raison des intérêts individuels et collectifs, matériels et symboliques, qu'ils défendent, et en raison du coût social et psychique qu'il y aurait pour eux à y renoncer, ne sont peut-être pas tout à fait prêts à faire leur Nuit du 4 août.

Si le féminisme peut avoir un réel effet émancipateur chez certains hommes – en particulier chez ceux qui se sont retrouvés en porte-à-faux face aux normes de la masculinité et de l'hétérosexualité ou qui ont eu à subir la violence d'autres hommes –, cela n'implique pas pour autant qu'ils renoncent à leurs privilèges, et ce d'autant moins qu'ils sont toujours susceptibles de retourner cet effet émancipateur à leur avantage. Les petites trahisons auxquelles je me suis livré ici, pour vertueuses ou pour cyniques qu'elles pourront paraître, n'ont en rien aboli ma position de dominant dans les rapports sociaux de sexe. Pour que tel soit le cas, d'une manière générale, il faudrait qu'ait émergé chez les hommes un désir de justice si fort qu'il en serait résistant *à toute épreuve* sociale, psychique et corporelle, ce qui, dans l'état actuel des luttes sociales, est pour le moins improbable, tout comme est improbable la perspective qu'un changement radical puisse se produire sur une seule génération. En attendant, ce n'est donc pas d'un hypothétique regain de vertu spontané de la part des hommes qu'il faut attendre l'avènement d'une société non-sexiste, mais bien du rapport de force que des féministes sont parvenues et parviendront à instaurer.

conclus

Définir
possibl
penser
commu

Définir les vies possibles, penser le monde commun

Delphine Gardey

À l'issue de ce parcours nécessairement fragmentaire, il paraît important de revenir sur la question de ce que le/les féminismes changent, de ce qu'ils font de nos vies, de ce qu'ils proposent comme vies possibles et vies communes. Donna Haraway, l'une des théoriciennes contemporaines du féminisme, définissait récemment l'enjeu des théories féministes comme étant « précisément de comprendre de qui ou de quoi se compose le monde » (Haraway 2010, p. 16). Devenir sujet de droit et sujet politique, devenir actrice de sa vie sexuelle et pouvoir la choisir, faire advenir des formes nouvelles de la subjectivité, voilà très certainement ce à quoi les féminismes, dans leur diversité historique et désormais culturelle, ont contribué et contribuent. Dire de quoi et de qui le monde se compose, c'est faire plus que de permettre à celles et ceux qui étaient maintenu-e-s en dehors de la catégorie de sujet (femmes, « sauvages », noir-e-s, homosexuel-le-s, lesbiennes et autres *autres*) d'y advenir. C'est questionner la nature des relations aux autres et plus généralement toute forme de relationnalité. Cette proposition prend la forme d'une profession de foi indissociablement épistémologique et politique qui peut être plus ou moins extensive ou élargie à des ordres et catégories de sujets et de relations. Donna Haraway en propose une version large : « l'analyse féministe s'évertue plutôt à comprendre comment les choses fonctionnent, qui participe à l'action, quelles possibilités leurs sont offertes et par quels moyens les acteurs de ce monde pourraient devenir responsables les uns envers les autres » (Haraway 2010, p. 15). Elle propose donc d'engager la réflexion – au-delà de la critique de l'universalité et des logiques de domination et d'exclusion qui la fonde – sur la façon dont les individus en tant qu'êtres sociaux sont liés à leur environnement dans un sens qui comprenne, non seulement des responsabilités de « genre », de « classe » et de « race », mais aussi des res-

ponsabilités d'espèce (et donc la relation à la nature, aux arte-
facts et aux autres espèces). Ceci est une façon de signifier
que les relations à la nature, aux instruments et aux autres
espèces sont aussi des relations de « genre », de « race » et
de « classe ».

Poser la question « de qui ou de quoi se
compose le monde », c'est donc proposer des pistes pour
définir un monde commun, un *topos*, un lieu, en même
temps que définir la politique (ou l'éthique) des relations
que nous déployons à son endroit quand nous le définis-
sons comme nôtre. Il est ici question d'inventer la possibilité
d'un monde partagé qui repose sur le fait d'être « responsables les un-e-s des autres », dans une acception élargie de ce
qui compte comme les « un-e-s et les autres ». On voit ainsi
comment le travail critique de sape des normes conduit vers
la possibilité de reconstruire une « culture publique » ou un
« espace commun » (Haraway 2003).

Qu'est-ce que cela change de regarder le
monde depuis la perspective des vies marginales ? La question ainsi formulée par Sandra Harding (1993) apparaît
comme une proposition de mutualisation, ou mieux, de
démultiplication de l'expérience féministe. L'idée est bien
que le sujet de la connaissance féministe est le sujet de toute
connaissance libératoire (ou émancipatoire). C'est donc une
dynamique, c'est une responsabilité, c'est une potentialité
qui se décline nécessairement de façon plurielle. Regardant
la diversité des expériences de vie restituées dans le cadre
des *postcolonial* et *subaltern studies*, Sandra Harding affirme
que l'intérêt des « vies marginales » réside en ce qu'elles proposent, explorent, soulèvent des « problèmes significatifs ».
Ainsi définies dans leur fragilité, leur contingence et leur
incommensurable variété, elles sont le point de vue (ou l'expérience de vie) qui constitue un moyen puissant pour connaî-
tre et subvertir. C'est, dit-elle, « la meilleure place pour poser

119

des questions sur l'ordre social ». La réflexion initiée par Michel Foucault sur ce que cela fait/peut faire à la connaissance et à la politique de penser depuis les marges est ainsi redéployée et réarticulée. Car penser depuis les marges engage la question de la vie elle-même et de ses conditions sociales et politiques de possibilité. Judith Butler l'indique très clairement quand elle rappelle l'effort consenti. « Contrer la violence des normes qui gouvernent le genre », déterrer les préjugés, dénaturaliser les discours et pratiques homophobes, « je l'ai fait », dit-elle, « par désir de vivre, de rendre la vie possible et de repenser le possible lui-même » (Butler 2005, p. 20.). Penser c'est ici vivre, c'est-à-dire faire advenir au monde des présences « qui comptent » *(that matter)*. C'est, autrement dit, recomposer le monde de ces présences de chair et de sang, de « chair et de sens » dirait Donna Haraway (2010) et, en élargissant ainsi la composition du monde, le produire d'une façon autre et différenciée. Comme le propose Judith Revel lisant Foucault, l'idée n'est pas que le « commun » soit le « fond des différences » mais « leur production » (Revel 2003). Ici encore, la perspective doit demeurer dynamique et plurielle. Le « politique » se loge dans le devenir et les articulations possibles.

Partir de l'expérience des femmes, des couches populaires, des minorités sexuelles ou des colonisé-e-s d'hier et d'aujourd'hui pour interroger le centre, les normes et les fonctionnements ordonnés et impensés du social, c'est produire une critique paradoxale puisque la question de ce qui est minoritaire et de ce qui est la norme, de ce qui est la marge et le centre, s'y trouve posée. Les groupes sociaux et culturels marginalisés, dominés ou opprimés sont souvent des groupes numériquement majoritaires. Ici commencent les contradictions qui sont le lot quotidien de celles et de ceux qui s'essayent à définir des causes ou des luttes pour aujourd'hui. Le sujet unifié de l'action échappe aujourd'hui, comme échappe le sujet du (post)féminisme qui est fluide, hétérogène et contradictoire. Il existe, en effet, plus d'un sujet au sein du « sujet femme » (femmes des classes supérieures, femmes blanches, femmes noires, femmes des couches populaires, lesbiennes). En contexte (post)féministe, la perte du sujet unifié (de l'action individuelle et collective) et de l'idéal de totalité est perçue comme un bienfait et le ressort pour de nouvelles connexions, de nouvelles opportunités. Le sujet collectif « femmes » y est considéré comme un identifiant mouvant, irrésolu et en devenir dans un contexte à définir. Il est une « figure mobile » (De Lauretis, 2007), une « humanité imaginée », il est source de connexion dans la mesure où il figure la « promesse d'un universel toujours en mouvement, un langage commun » (Haraway 2007, p. 231). Il n'est ni un ancrage, ni une assignation, ni, bien entendu, une essence ; il est la série des attachements et des connexions en cours et c'est en cela qu'il a de l'avenir avec et au-delà des questions ou des causes féministes.

La question de la contradiction et de l'hétérogénéité peut être autrement déclinée à partir, notamment, de la proposition de Sandra Harding de « penser depuis la perspective de plus qu'une vie » (1993, p. 66). Qu'est-ce que cela peut vouloir dire que de penser « depuis la perspective de plus qu'une vie » ? C'est penser à ces ouvrières qui bâtissent une coopérative pour sauver leur usine de lingerie à Orléans – comme nous le montre le documentaire *Entre nos mains* réalisé par Marianne Otéro – et penser en même temps l'externalisation de l'activité et les conditions de travail d'autres ouvrières du textile en Chine ou au Mexique. Penser « depuis la perspective de plus d'une vie », c'est penser notre responsabilité de classe vis-à-vis d'autres femmes et s'interroger sur le bien-fondé de notre désir et de notre liberté à revendiquer le droit à la gestation via autrui (mères porteuses) sans considérer de façon conséquente ce qu'est aujourd'hui l'économie des relations entre femmes et hommes riches, d'une part, et femmes pauvres d'autre part, et plus généralement l'asymétrie des relations entre le Nord et le Sud. Penser « depuis la perspective de plus qu'une vie », c'est penser notre responsabilité d'espèce ou notre responsabilité vis-à-vis des générations futures et réfléchir, par exemple, à ce que pourrait être un monde où la reproduction humaine qui définissait notre commune animalité serait remplacée par une reproduction vétérinaire – une gestation sans sexualité, fonctionnalisée, appointée, salariée.

Citant Habermas, les sociologues Uma Devi, Lise Widding Isaksen et Arlie Hochschild utilisent la notion « d'univers de vie » pour qualifier ces « biens communs » qui sont happés et détruits par le développement sans fin du capitalisme et l'extension sans limites du régime de marchandisation des biens et des personnes (2010, p. 129). Là encore, la question est complexe et les points de vue hétérogènes. La globalisation des échanges et les migrations qu'elle suscite peuvent être définies et interprétées comme des opportunités pour de nombreuses jeunes femmes de classes défavorisées qui, en Afrique ou en Asie, viennent peupler les villes de pays voisins ou lointains pour y réaliser les travaux du « care », c'est-à-dire du soin aux enfants et aux personnes âgées des familles des couches supérieures de ces nouvelles « villes globales » définies par Saskia Sassen (2009 ; 2010). Devenir domestique, même très jeune, c'est aller en ville, y occuper un emploi, recevoir un salaire, s'émanciper des tutelles familiales et locales, faire un chemin d'émancipation qui peut être vu et revendiqué comme tel, comme le montrent des travaux réalisés à propos des « petites bonnes à Abidjan » (Jacquemin 2009 ; Lesclingand 2011). Laissant de côté les situations les plus criantes et les plus connues d'exploitation (voire d'esclavage caractérisé) dont il ne faut pas minimiser l'existence, Devi, Isaksen et Hochschild s'interrogent sur le coût social du travail du « care » tel qu'il s'exerce dans un cadre « normalisé » (mais généralement non réglementé car informel). Évoquant ces infirmières du Kerala en Inde qui viennent soigner les membres des classes moyennes et supérieures de Dubaï et privent *de facto* de leur présence (et de leurs soins) leur entourage, et notamment leurs propres enfants, ces auteures parlent d'érosion des « univers de vie », de spoliation des « biens collectifs » du Sud, de détérioration par le « Nord » des « solidarités sociales du Sud » (2010). Que les solidarités sociales (et en particulier le « care ») reposent ici ou ailleurs sur le travail gratuit ou salarié des femmes est une question sociale et politique qui demeure. Que la « ville globale » aspire et préempte les ressources du Sud (Sassen 2010) et que nous (Occidentales et Occidentaux) en soyons bénéficiaires, voilà une violence dont l'évidence est effacée. Comment tenir ensemble l'expérience de vie de la migrante (le bilan positif et négatif qu'elle peut faire de sa propre expérience), ce qui peut exister comme promesse dans le fait qu'elle accède à cet autre univers, et ce que nous savons, par ailleurs, des données structurelles qui composent l'asymétrie sans cesse réitérée de cette économie de la domination ? Là encore, les questions demeurent.

Penser le monde commun, c'est donc mettre au travail ces expériences de « plus qu'une vie ». C'est faire avec des rapports économiques, sociaux et de genre structurellement contraignants mais dont le poids pèse plus ou moins fortement sur les un-e-s ou les autres en fonction de leur âge, de leur genre, de leur position sociale et de leurs origines nationales et culturelles. C'est penser les marges de manœuvre, les potentialités, les espaces de subversion et de détournement, composer et proposer des alliances ou des connexions locales et contingentes pour agir. Si des possibles sont ainsi ouverts, reste à l'évidence que le néolibéralisme en tant que rationalité politique qui tend à s'étendre et à conditionner l'ensemble des espaces disponibles (Brown 2007) change nos vies bien plus radicalement et bien plus durablement que ne le peut aucune des utopies émancipatrices dont participent les féminismes.

Bibliographie

ACHIN Catherine et *alii.*
(2007), *Sexes, genre et politique*, Paris, Économisa.

AKRICH Madeleine, **CHABAUD-RYCHTER** Danielle,
GARDEY Delphine (dir.)
(2005), « Politiques de la représentation et de l'identité.
Recherches en *Gender, cultural, queer studies* », *Cahiers du
genre,* n° 38.

ANGELOFF Tania
(2000), *Le Temps partiel : un marché de dupes ?,* Paris, Syros.

ARONSON Pamela
(2003), « Feminists or "postfeminists" ? Young women's attitudes
toward feminism and gender relations », dans *Gender & Society,*
Vol. 17, n° 6, déc. 2003, pp. 903-922.

BACHMANN Laurence
(2009), *De l'argent à soi. Les préoccupations sociales des femmes
à travers leur rapport à l'argent*, Rennes, Presses universitaires de
Rennes, coll. « Le sens social ».

BADINTER Élisabeth
(2003), *Fausse route*, Paris, Odile Jacob.

BANCEL Nicolas, **BLANCHARD** Pascal, **BOETSCH** Gilles,
DEROO Éric, **LEMAIRE** Sandrine
(2002), *Zoos humains, xixᵉ et xxᵉ siècles : de la vénus hottentote
aux reality shows*, Paris, La Découverte.

BERENI Laure, **CHAUVIN** Sébastien, **JAUNAIT** Alexandre,
REVILLARD Anne
(2008), *Introduction aux gender studies : manuel des études sur le
genre*, Bruxelles, De Boeck.

BIEWENER Carole, **BACQUÉ** Marie-Hélène
(2011), « Empowerment, développement et féminisme :
entre projet de transformation sociale et néolibéralisme »,
in Bacqué M-H. et Sintomer Yves (dir.), *La Démocratie participative.
Histoire et généalogie*, Paris, La Découverte, pp. 82-101.

BLAIS Mélissa, **DUPUIS-DÉRI** Francis (dir.)
(2008), *Le mouvement masculiniste au Québec. L'antiféminisme démasqué*. Montréal : Les éditions du Remue-ménage.

BOLTANSKI Luc, **CHIAPELLO** Ève
(1999), *Le nouvel esprit du capitalisme*. Paris : Gallimard.

BORRILLO Daniel, **FASSIN** Eric, **IACUB** Marcela (dir.)
(1999), *Au-delà du PACS. L'expertise familiale à l'épreuve de l'homosexualité*. Paris : PUF.

BOURDIEU Pierre
(1979), *La distinction. Critique sociale du jugement*. Paris : Les Éditions de Minuit.

BOURCIER Marie-Hélène (dir.)
(1999), *Q comme Queer. Les séminaires Q du zoo (1996-1997)*. Lille : Cahiers Gai Kitsch Camp.

BROWN Wendy
(2007), *Les habits neufs de la politique mondiale. Néolibéralisme et néo-conservatisme*. Paris : Éditions Les Prairies Ordinaires.

BUTLER Judith
(2005), *Trouble dans le genre. Le féminisme et la subversion de l'identité*. Paris : La Découverte [1990].

CASSEL Joan
(2000), « Différence par corps : les chirurgiennes », *Cahiers du genre* n° 29, pp. 53-81.

CHABAUD-RYCHTER Danielle, **GARDEY** Delphine
(2000), « Techniques et genre », in Hirata H. et Laborie F. (dir.), *Dictionnaire critique du féminisme*. Paris : PUF, pp. 228-233.

CHAPERON Sylvie
(2002a), « L'histoire contemporaine des sexualités en France », *Vingtième Siècle. Revue d'histoire*, n° 75, juillet-septembre, pp. 47-59.
(2002b), « Kinsey en France : les sexualités féminine et masculine en débat », *Le mouvement social*, n° 198, janvier-mars, pp. 91-110.
(2009), « Les féminismes et la sexualité, xixe et xxe siècles », in Dorlin E. et Fassin E., *Genres & Sexualités*, Actes du colloque « Des femmes et des hommes, genres et sexualités ». Paris : Bibliothèque publique d'information Centre Pompidou.

CHAUVEL Louis
(2006), *Les classes moyennes à la dérive*. Paris : Seuil.

CHAUVIN Sébastien
(2005), « Les aventures d'une "alliance objective". Quelques moments de la relation entre mouvements homosexuels et mouvements féministes au xxᵉ siècle », *L'homme et la société*, n° 158, oct.-déc., pp. 111-133.

CHETCUTI Natacha, **MICHARD** Claire (dir.)
(2003), *Lesbianisme et féminisme. Histoires politiques*. Paris : L'Harmattan.

CONNELL Robert W.
(1995), *Masculinities*. Berkeley : University of California Press.

CRENSHAW Kimberlé W.
(1994), « Cartographies des marges : intersectionnalité, politique de l'identité et violence contre les femmes de couleur », *Cahiers du Genre*, n° 39, 2005, pp. 51-82.

CRESSON Geneviève, **GADREY** Nicole
(2004), « Entre famille et métier : le travail du care », *Nouvelles questions féministes*, Vol. 23, n° 3, pp. 26-41.

DAUNE-RICHARD Anne-Marie
(1998), « Qualifications et représentations sociales », in Maruani M. (dir.), *Les nouvelles frontières de l'inégalité. Hommes et femmes sur le marché du travail*. Paris : La Découverte, pp. 47-58.
(2001), « Hommes et femmes devant le travail et l'emploi » in Blöss T. (dir.), *La dialectique des rapports hommes-femmes*. Paris : PUF, pp. 127-150.

DE LAURETIS Teresa
(2007), *Theorie queer et cultures populaires de Foucault à Cronenberg*. Paris : La Dispute.

DELLA PORTA Donatella, **ANDRETTA** Massimiliano, **MOSCA** Lorenzo, **REITER** Herbert
(2006), *Globalization from Below. Transnational Activists and Protest Networks*. Minneapolis, London : University of Minnesota Press.

DELPHY Christine
(1998), *L'ennemi principal*. Tome 1 : *Économie politique du patriarcat*. Paris : Syllepse.

(2001). *L'ennemi principal*. Tome 2 : *Penser le genre*. Paris : Syllepse.

(2006), « Antisexisme ou antiracisme ? Un faux dilemme », *Nouvelles questions féministes*, Vol.25, n° 1, pp. 59-83.

(2008), *Classer, dominer : qui sont les « autres » ?* Paris : La Fabrique.

DEVI Uma, **WIDDING** Isaksen, **HOCHSCHILD** Arlie R.
(2010), « La crise mondiale du care : point de vue de la mère et de l'enfant », in Falquet J. et *alii.*, *Le sexe de la mondialisation. Genre, classe, race et nouvelle division du travail*. Paris : Presses de Sciences Po, pp. 121- 136.

DEVREUX Anne-Marie
(2004), « Les résistances des hommes au changement social : émergence d'une problématique », *Cahiers du genre* n° 36, pp. 5-20.

DORLIN Elsa
(2006), *La matrice de la race : généalogie sexuelle et coloniale de la nation française*. Paris : La Découverte.

(2008), *Black feminism : anthologie du féminisme africain-américain, 1975-2000*. Paris : L'Harmattan (textes choisis et présentés par E. Dorlin).

(2009) (dir.), *Sexe, race, classe : pour une épistémologie de la domination*. Paris : PUF.

FABRE Clarisse, **FASSIN** Éric
(2003), *Liberté, égalité, sexualités. Actualité politique des questions sexuelles*. Paris : Belfond.

FAGNANI Jeanne, **LETABLIER** Marie-Thérèse
(2003), « La réduction du temps de travail a-t-elle amélioré la vie quotidienne des parents de jeunes enfants ? », *Premières Informations et Premières Synthèses*, DARES, n° 01-2.

FALQUET Jules
(2008), *De gré ou de force. Les femmes dans la mondialisation*. Paris : La Dispute.

FALQUET Jules, **HIRATA** Helena, **KERGOAT** Danièle, **LABARI** Brahim, **LE FEUVRE** Nicky, **SOW** Fatou (dir.)
(2010), *Le sexe de la mondialisation. Genre, classe, race et nouvelle division du travail*. Paris : Presses de Sciences Po.

FASSIN Éric
(2005), *L'inversion de la question homosexuelle*. Paris : Ed.
Amsterdam.
(2006a), « La démocratie sexuelle et le conflit de civilisations »,
Multitudes 2006/3 (n° 26).
(2006b), « Questions sexuelles, questions raciales. Parallèles,
tensions et articulations », in Fassin D. et Fassin E. (dir.),
*De la question sociale à la question raciale ? : représenter
la société française*. Paris : La Découverte, pp.238-256.
(2010), « National Identities and Transnational Intimacies :
Sexual Democracy and the Politics of Immigration in Europe »,
Public Culture, 22(3), pp. 507-529.

FORTINO Sabine
(2002), *La mixité au travail*. Paris : La Dispute.

FOUGEYROLLAS-SCHWEBEL Dominique
(2000), « Mouvements féministes », in Hirata H., Laborie F., Le
Doaré H., Senotier D. (dir.), *Dictionnaire critique du féminisme*.
Paris : PUF, pp. 125-130.

GARDEY Delphine, **LAUFER** Jacqueline (dir.)
(2005), « Être féministe aujourd'hui », *Travail, genre et sociétés*
2005/1, n° 13, pp. 159-160.

GASPARD Françoise (dir.)
(1997), *Les femmes dans la prise de décision en France et en
Europe*. Paris : L'Harmattan.

GASPARD Françoise, **SERVAN-SCHREIBER** Claude,
LE GALL Anne (dir.)
(1992), *Au pouvoir citoyennes ! Liberté, égalité, parité*.
Paris : Seuil.

GAUCHET Marcel
(2002), *La démocratie contre elle-même*. Paris : Gallimard.

GIRAUD Isabelle, **DUFOUR** Pascale
(2010), *Dix ans de solidarité planétaire. Perspectives
sociologiques sur la Marche mondiale des femmes*. Montréal :
Les éditions du Remue-ménage.

GIRAUD Isabelle, **JENSON** Jane
(2001), « Constitutionalizing Equal Access : High Hopes, Dashed
Hopes », in Klausen J. et Maier C.S. (dir.), *Has Liberalism Failed*

Women ? Assuring Equal Representation in Europe and the United States. New York : Palgrave, pp.69-88.

GUÉNIF-SOUILAMAS Nacira (dir.)
(2006), *La république mise à nu par son immigration.*
Paris : La Fabrique.

GUÉNIF-SOUILAMAS Nacira, **MACÉ** Éric
(2004), *Les féministes et le garçon arabe.* Paris : Éditions de l'Aube.

GUILBERT Madeleine
(1966), *Les fonctions des femmes dans l'industrie.* La Haye : Mouton.

GUILLAUMIN Colette
(1978), « Pratique du pouvoir et idée de nature », in : *Sexe, Race et pratique du pouvoir. L'idée de nature.* Paris : Côté-femmes, 1992, pp. 13-82.

HARAWAY Donna
(2003), « The Promises of Monsters : A Regenerative Politics for Inappropriated Others », in Haraway D., *The Haraway Reader.* New York & London : Routledge, pp. 63-124.
(2007), *Manifeste cyborg et autres essais. Sciences, fictions, féminismes.* Anthologie par Laurence Allard, Delphine Gardey et Nathalie Magnan. Paris : Exils.
(2010), *Manifeste des espèces de compagnie. Chiens, humains et autres partenaires.* Terra Incognita : Éditions de l'Éclat [2002].

HARDING Sandra
(1993), « Rethinking Standpoint Epistemology : What Is "Strong Objectivity" ? », in Alcoff L. & Potter E. (eds), *Feminist Epistemologies.* London & New York : Routledge, pp. 49-82.

HOCHSCHILD Arlie Russel
(1989, avec la coll. de Anne Machung), *The Second Shift. Working Parents and the Revolution at Home.* New York : Harper Collins.

HOCQUENGHEM Guy
(2000), *Le désir homosexuel.* Paris : Fayard [1972].

JACKSON Julian,
(2009), *Arcadie - La vie homosexuelle en France, de l'après-guerre à la dépénalisation.* Paris : Autrement.

JACKSON Stevi, **SCOTT** Sue
(1996), « Sexual Skirmishes and Feminist Factions. Twenty-Five
Years of Debate on Women and Sexuality », in Jackson S. et
Scott S., *Feminism and Sexuality a Reader*. Edinburg University
Press.

JACQUEMIN Mélanie
(2009), « Petites nièces et petites bonnes à Abidjan. Les mutations de
la domesticité juvénile », *Travail, genre et sociétés*, n° 22, pp. 53-74.

JENSON Jane, **SINEAU** Mariette
(1995), *Mitterrand et les Françaises : un rendez-vous manqué*.
Paris : Presses de Sciences Po.

KAUFMANN Jean-Claude
(1992), *La trame conjugale. Analyse du couple par son linge*.
Paris : Nathan.

KERGOAT Danièle
(1998), « La division du travail entre les sexes », in Boutet J. et Jacot
H. (dir.), *Le monde du travail*. Paris : La Découverte, pp. 319-327.
(2000), « Division sexuelle du travail et rapports sociaux de sexe »,
in Hirata H., Laborie F. Le Doaré H., Senotier D. (dir.), *Dictionnaire
critique du féminisme*. Paris : PUF, pp. 35-44.

LENOIR Rémi
(1985), « L'effondrement des bases sociales du familialisme »,
Actes de la recherche en sciences sociales, n° 57-58, pp. 69-88.

LESCLINGAND Marie
(2011), « Migrations des jeunes filles au Mali : exploitation ou
émancipation ? », *Travail, genre et sociétés*, n° 25, pp. 23-40.

LIEBER Marylène
(2008), *Genre, violences et espaces publics. La vulnérabilité des
femmes en question*. Paris : Presses de Science Po.

MacKINNON Catharine
(1997), « Sexuality », in Nicholson L.J., *The Second Wave : A Reader
in Feminist Theory*. New York : Routledge.

MARQUES-PEREIRA Bérengère
(2003), *La citoyenneté politique des femmes*. Paris : Armand Colin.

MARUANI Margaret
(2011), *Travail et emploi des femmes*. Paris : La Découverte.

McDOWELL Linda
(2005), « Les espaces de la masculinité : Les hommes et les
garçons au travail ». *Géographie et cultures*, no.54, pp.103-120.

McINTOSH Peggy
(1988), « White privilege and male privilege : A personal account
of coming to see correspondences through work in Women's
Studies ». Working paper #189, Center for research on women,
Wellesley College.

MICHAELS Walter Benn
(2009), *La diversité contre l'égalité*. Paris : éd. Raisons d'Agir.

MILLET Kate
(1970), *Sexual Politics*. New York, Doubleday.
Traduction française : *La politique du mâle*. Paris, éd. Stock, 1971.

MODAK Marianne, **PALAZZO** Clothilde
(2002), « Les pères se mettent en quatre ! Responsabilités
quotidiennes et modèles de paternité », *Cahier de l'EESP*, n° 34.
Lausanne : Édition de l'EESP.

MOLINIER Pascale
(2003), *L'énigme de la femme active. Égoïsme, sexe et
compassion*. Paris : Payot & Rivages.

MOSCONI Nicole
(1989), *La mixité dans l'enseignement secondaire : un faux-
semblant ?* Paris : PUF.

OFS
(2005), *L'enquête suisse sur la population active (ESPA)*.
Neuchâtel : Office fédéral de la statistique.

ONU
(1996), *Rapport de la quatrième conférence mondiale sur les
femmes, Beijing, 4-15 septembre 1995*. New York : Nations Unies.

PERROT Michelle
(2004), « Préface », in Gubin E, Jacques C., Rochefort F., Studer B,
Thébaud F., Zancarini-Fournel M. (dir.), *Le siècle des féminismes*.
Paris : Les éditions de l'Atelier, pp. 9-13.

PINELL Patrice (dir.)
(2002), *Une épidémie politique. La lutte contre le sida en France
1981-1996*. Paris : PUF.

POLLOCK Griselda
(2009), « Vers le musée féministe virtuel », in
*Elles@centrepompidou. Artistes femmes dans les collections du
musée national d'art moderne, centre de création industrielle.*
Paris : Centre Pompidou, pp. 322-329.

REVEL Judith
(2003), « Devenir-femme de la politique », *Multitudes*, n° 12,
printemps 2003, pp. 125-134

RICH Adrienne
(2010), *La contrainte à l'hétérosexualité et autres essais.* Genève &
Lausanne : éditions Mamamélis et NQF.

RIOT-SARCEY Michèle
(2002), *Histoire du féminisme.* Paris : La Découverte.

RISMAN Barbara
(2009), « From doing to undoing : gender as we know it », *Gender
& Society*, vol. 23, n° 1. pp.81-84.

ROUX Patricia
(1999), *Couple et égalité : un ménage impossible.* Lausanne :
Réalités sociales.

ROY Delphine
(2001), *La contribution du travail domestique au bien-être matériel
des ménages : une quantification à partir de l'enquête Emploi du
Temps.* Paris : Institut national de la statistique et des études
économiques.

SABBAGH Daniel
(2010), « Les ravages de la pensée moniste », *Mouvements*, 2010/1
n° 61, pp. 172-180.

SASSEN Saskia
(2009), *La globalisation, une sociologie.* Paris : Gallimard.
(2010), « Mondialisation et géographie globale du travail », in
Falquet J. et *alii., Le sexe de la mondialisation. Genre, classe, race et
nouvelle division du travail.* Paris : Presses de Sciences Po, pp. 27-42.

SCHMID Hans, **SOUSA-POZA** Alfonso, **WIDMER** Rolf
(1999), *Évaluation monétaire du travail non rémunéré. Une
analyse empirique pour la Suisse basée sur l'enquête suisse sur la
population active.* Neuchâtel : Office Fédéral de la statistique.

SÉNAC-SLAWINSKI Réjane
(2008), *La parité*. Paris : PUF.

SOLLFRANK Cornelia
(1997), « Comment devenir une cyberféministe ? »
www.cyberfeminisme.org/txt/cyberfemcomment.htm

SPIVAK Gayatri Chakravorty
(1988), « Can the Subaltern Speak ? » in Nelson C. et Grossberg
L. (dir.), *Marxism and the interpretation of Culture*. Chicago :
Univeristy of Illinois Press, pp.271-313.
Traduction française (par Jérôme Vidal) : *Les Subalternes peuvent-
elles parler ?* Paris : Éditions Amsterdam, 2006.

STUDER Brigitte
(1995), « Genre et classe dans le mouvement ouvrier.
L'arrangement social autour de la législation protectrice du travail
au tournant du siècle », in Batou J., Cerutti M. & Heimberg C. (dir.),
*Pour une histoire des gens sans histoire. Ouvriers, exclues et
rebelles en Suisse, XIXᵉ-XXᵉ siècles*. Lausanne : Éditions d'En Bas.

TARAUD Christelle
(2005), *Les féminismes en questions. Éléments pour une
cartographie*. Paris : Éditions Amsterdam.

TEVANIAN Pierre, **TISSOT** Sylvie
(2010), « Qu'est-ce que la question sociale ? Sexe, race, classe »,
in *Les Mots sont importants*. Paris : Libertalia, pp. 283-288.

THÉRET Bruno
(1998), « La régulation politique : Le point de vue d'un
économiste », in Commaille J. et Jobert B. (dir.), *Les
métamorphoses de la régulation politique*. Paris : *Droit et société*
vol.24, LGDJ, pp. 83-117.

THIERS-VIDAL Léo
(2010), *De « L'Ennemi principal » aux principaux ennemis. Position
vécue, subjectivité et conscience masculines de domination*.
Paris : L'Harmattan.

VIDAL Jérôme
(2009), « Bourdieu, reviens : ils sont devenus fous ! La gauche et
les luttes minoritaires », *La Revue internationale des livres et des
idées*, n° 13, sept.-oct. 2009.

WELZER-LANG Daniel *et al.*
(1994), *La peur de l'autre en soi. Du sexisme à l'homophobie.*
Montréal : VLB éditeur.

WITTIG Monique
(2001), *La pensée straight.* Paris : Balland.

Glossaire

androcentré

Se dit d'un énoncé, d'une posture, d'une perception, d'une vision du monde exprimés par des hommes ou par des femmes, à partir de l'expérience sociale et politique des hommes uniquement et qui rend invisible celle des femmes (subst. : androcentrisme).

backlash

Popularisée par le livre de Susan Faludi et signifiant littéralement « retour de bâton », la notion de *backlash*, appliquée aux rapports sociaux de sexe, caractérise la réaction antiféministe (masculiniste notamment) aux mouvements féministes et à leurs acquis.

care

La notion de *care* comprend l'ensemble des services d'aide et de soins à la personne, que ce soit en direction des enfants, des handicapé-e-s, des personnes malades, des personnes âgées, etc. Le mot « care » recouvre à la fois l'idée de soin, de sollicitude, et l'idée de responsabilité, de prise en charge. C'est pourquoi il est devenu courant d'utiliser cet anglicisme dans la littérature en français.

empowerment

La notion d'empowerment désigne un processus de renforcement de la capacité d'action individuelle ou collective qui entraîne un gain de pouvoir. Dans l'approche féministe, l'éducation populaire (la prise de conscience des rapports de pouvoir) et la participation des plus défavorisé-es à la prise de décision en sont les principaux outils. Dans l'approche des organisations internationales, il s'agit plus de formations techniques des individus.

genre

Traduit de l'anglais *gender*, le concept de genre désigne dans un premier temps ce qui relève des différences sociales et culturelles entre les femmes et les hommes. Par extension, le genre est la catégorie qui permet de penser, analyser et déconstruire la création d'une opposition binaire du féminin et du masculin et les rapports de pouvoir inhérents à la hiérarchie des sexes.

genré
Qui est le produit du genre, a des effets en termes de genre, intègre une dimension de genre.

hétéronormé
Se dit d'un comportement, d'une pensée, d'un discours qui a pour effet de véhiculer, de défendre et d'imposer la norme hétérosexuelle comme seule sexualité légitime ou comme étant préférable à d'autres formes de sexualité (homosexuelle, bisexuelle, asexuelle, etc.). (subst. : l'hétéronormativité ; corollaire : l'homophobie).

naturalisation (ou dénaturalisation)
On parle de « naturalisation » d'un fait social (comme la pauvreté, l'inégalité des sexes, le racisme, etc.), lorsque des différences observées entre des individus et pouvant être expliquées par des facteurs sociaux et culturels sont renvoyées à une différence de nature (biologique ou divine par exemple). Naturaliser un fait social a une fonction politique, dans la mesure où cela tend à le présenter comme donné une fois pour toutes, comme immuable et donc comme non modifiable, avec pour conséquence de légitimer les différences et les inégalités, et donc de justifier le *statu quo*. Dénaturaliser ces différences postulées comme naturelles revient à les faire entrer dans la culture, dans l'histoire, et donc dans l'ordre du politique : « Ce que la culture a fait, la culture peut le défaire ».

patriarcat
Littéralement et traditionnellement, le patriarcat est une forme d'organisation familiale qui garantit le pouvoir des pères sur les femmes et les enfants. Dans son acception sociologique féministe, le patriarcat est plus largement une forme d'organisation sociale fondée sur la hiérarchie des sexes et qui assure la domination des hommes sur les femmes dans les différentes sphères de la vie économique et politique.

rapports sociaux de sexe
(ou rapport social de sexe)
Parfois utilisé comme alternative (exclusive ou complémentaire) au concept de genre, cette formulation insiste sur le caractère relationnel et dynamique des rapports de pouvoir liés au sexe dans ce qu'ils ont de social, culturel et politique.

Notes

1	www.guerrillagirls.com
2	www.labarbelabarbe.org
3	www.whomakesthenews.org
4	Sources : Enquête Emploi du temps 1998 pour la France, Enquête suisse sur la population active (ESPA) de 2004 pour la Suisse.
5	À ce sujet, voir la Loi sur l'équité salariale du Québec.
6	Le premier rapport, intitulé *Sexual Behavior in the Human Male*, sorti en 1948 aux États-Unis, est immédiatement traduit en français et publié en décembre de la même année. Le deuxième, intitulé *Sexual Behavior in the Human Female*, paru en 1953, est publié un an plus tard en français.
7	On peut comprendre que le mot « collaboration », compte tenu de son poids historique en France, ait pu soulever l'indignation de certaines féministes hétérosexuelles.
8	Comme l'écrivent Jackson et Scott (1996), la dernière conférence du WLM (MLF) en Grande Bretagne qui s'est tenue en 1978 s'est terminée par un combat entre diverses tendances sur la question « l'hétérosexualité est-elle compatible avec le féminisme ? »
9	Avec des différences entre homosexualités féminine et masculine.
10	Voir le documentaire de Carole Roussopoulos, « FHAR », tourné en 1971.
11	La tendance est actuellement d'appeler cette manifestation « La Pride » et non la Gay Pride, afin de visibiliser les lesbiennes également.
12	Notamment : Vaincre de sida (VLS), Aides, Arcat-Sida, Santé et plaisir gai (SPG), Act Up-Paris, Gemini, associations qui travaillent dans le domaine social et/ou politique. À Genève, c'est l'association Dialogai qui va faire de la lutte contre le sida son objectif principal.
13	Une sorte de loi anthropologique ou psychologique indépassable et a-historique qui serait au fondement de la société.
14	Signifiant littéralement « socialement déclassé », le nom « Hottentote » a été donné aux indigènes sud-africain-e-s par les colons néerlandais à partir du XVIIe siècle.
15	*Vénus noire*, d'Abdellatif Kechiche (France, 2010)
16	Nom générique attribué dès le XVIIIe siècle aux femmes des îles des Mers du Sud, donné aussi à une marque de produits de pâtisserie (noix de coco, levure, cacao) dans les années 1980.
17	En France, la loi sur la laïcité de 1905 a été reformulée en 2004 par l'ajout de cet article : « Dans les écoles, les collèges et les lycées

publics, le port de signes ou tenues par lesquels les élèves manifestent ostensiblement une appartenance religieuse est interdit ».

18   Après les élections présidentielles de 2007, le gouvernement français a compté trois femmes d'origine immigrée : Rachida Dati, ministre de la Justice, Rama Yade, secrétaire d'État chargée des Affaires étrangères et des droits de l'homme en 2007, Fadela Amara, secrétaire d'État à la Ville. Aucune ne se retrouve dans le gouvernement actuel.

19   En France, à la loi sur la laïcité est venue s'ajouter en 2010 la loi « interdisant la dissimulation du visage dans l'espace public ». Elle survient après un vif débat autour du port du *niqab* et de la *burqa* (alors que seules entre 300 et 2000 femmes seraient vêtues de cette façon dans l'Hexagone). La Belgique a adopté en avril 2010 une loi similaire. La Suisse, l'Italie et les Pays-Bas réfléchissent aussi à une interdiction légale du voile intégral.

20   Des analyses similaires ont été proposées en France par Colette Guillaumin, Danièle Kergoat et Christine Delphy.

21   Éric Fassin (2006b) montre que plusieurs sujets dans les débats publics ont articulé à la même époque les mêmes enjeux de façon similaire : le trafic des femmes, l'excision des jeunes filles d'Afrique subsaharienne, les mariages forcés.

22   Pseudonyme de Gloria Jean Watkine. Elle revendique d'écrire son nom en minuscule pour marquer l'insignifiance de la personne.

23   En ligne à l'adresse http://www.assemblee-nationale.fr/11/rapports/r3563.asp, nous soulignons

24   Nous mettons des guillemets à « féministe » pour souligner qu'il s'agit ici d'une catégorie du sens commun.

25   L'accent qui est mis ici sur les pratiques ordinaires me conduit à laisser de côté les manifestations plus organisées de la résistance masculine, tels que les mouvements masculinistes, qui relèvent plus directement du *backlash* et qui ont été davantage étudiées.

26   Pour un prolongement de cette critique, voir Tevanian et Tissot (2010), Vidal (2009), Sabbagh (2010).

Achevé d'imprimer en juillet 2011
sur les presses de Normandie Roto Impression s.a.s, Lonrai.
N° d'imprimeur : 112639
Dépôt légal : septembre 2011
Imprimé en France